심령과학 시리즈 11

기적과 예언

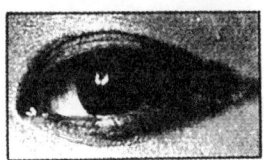

스튜어트 로브 / 저
안 동 민 / 역

瑞音出版社

기적과 예언 • 차례

서 장 하늘이 내리신 말씀 ——————13

제1부 인류 종말의 예언

제1장 고금의 말세론

    1. 지금은 말세인가? ——————22
    2. 오컬트 예언 ——————24
    3. 종교계의 예언 ——————32
    4. 기타 예언 ——————37
    5. 필자의 말세관 ——————44

제2장 오컬트의 예언자들

    1. 16세기의 대예언자 노스트라다무스 ——————52
    2. 잠자는 예언자 에드가 케이시 ——————74
    3. 케네디의 죽음을 예언한 딕슨 부인 ——————84
    4. 시카고의 예언자 휴우즈 부인 ——————94
    5. 원격투시의 예언자 R·앤더슨 ——————98
    6. 제2차대전을 예언한 7세기의 성녀 ——————104

제3장 인류의 종말

1. 인류는 멸망할 것인가? ——————114
2. 지구 최후의 대전쟁 ——————123
3. 1999년 종말론 ——————138
4. 비록 종말이 임박했을지라도 ——————148

제2부 시간과 공간의 벽을 넘어서

1. 어느 작곡가의 초능력 체험 ——————156
2. 과학으로 공인된 초심리학 ——————164
3. 마리아 쥴리어스호를 구한 투시력 ——————168
4. 죽은 애인이 보내는 편지 ——————172
5. 위험하다! 접근하지 말라! ——————177
6. 불사(不死)의 세계는 올 것인가? ——————180
7. 나는 미래를 목격했다 ——————185
8. 나는 과거를 목격했다 ——————193
9. 보이지 않는 현재를 목격한 여성 ——————199
10. 재연된 옛 전투장면 ——————203
11. 예언하는 말(馬) 윈더 부인 ——————205
12. 소리를 내는 편지 ——————207
13. 미래를 찍은 사진 ——————211
14. 미리 받아 본 전보 ——————214
15. 조난을 알려준 유령 ——————217
16. 목숨을 구한 예감 ——————219
17. 꿈이 알려준 위험 ——————223
18. 꿈에서 시작된 사랑 ——————228
19. 고마운 유령 간호부 ——————230
20. 사전에 기록된 추락사고 ——————235
21. 사자(死者)는 약속을 이행했다 ——————241
22. 소녀의 목숨을 구한 목소리 ——————246

23. 사건 전에 알린 뉴스 ——————————— 249
24. 꿈에서 본 미래 ——————————————— 251
25. 마법의 버섯 ————————————————— 257
26. 신비스런 풀 바니스테리아 ————————— 263
27. 방사선 영계통신기 ————————————— 266
28. 비행접시는 신의 메신저 ——————————— 269

서 장
하늘이 내리신 말씀

하늘이 내리신 말씀

　한국인이여 들으라!
　너희는 지난 5천년 동안 오직 시달림만 받는 가운데 인욕의 세월을 보냈으니 너희는 말세(末世)에 먼저 나의 축복을 받으리라!
　너희 나라는 천년 전에 김유신이 타 민족의 힘을 빌어서 제 민족의 피를 흘려 통일을 이루었으니, 이는 나의 사랑의 원리를 어긴 짓이었느니라.
　그 업보로 너희는 천년 후에 타민족의 힘에 의해 다시 갈리어졌으니, 이는 곧 너희 나라가 선악(善惡)의 대결장이 됨을 말함이니라. 그러나 6·25사변으로 너희는 그 속죄를 치르었느니라.
　세계가 멸망할 것을 너희 민족이 입는 화로 대신 하였으니 너희는 세계를 위해 스스로 십자가를 진 것이니라.
　이제 앞으로 너희 나라에는 많은 의로운 사람들이 나리니 이는 옛 의인(義人)이 부활되었음이라.
　나는 너의 나라에 일곱 기둥을 세우려 하니 많은 의로운 사람들 가운데 일곱 기둥이 누구인지 차차 밝혀지리라.
　또한, 이 일곱 기둥은 서로 쌍을 이루니 그 관계는 네가 필름과 포시 필름과 같느니라.

네가는 영계(靈界)를 대표하는 기둥이며, 포시는 물질계(物質界 및 現象界)를 대표하는 기둥이니, 영계(靈界)를 근본으로 보면 물질계는 그림자요, 물질계를 근본으로 보면 영계(靈界)는 그림자이니라.

그런고로 네가인 일곱 기둥은 소리 없이 뒤에 숨어서 포시인 일곱 기둥이 타락하지 않고 그들의 소임을 다하도록 도와야 하느니라.

또한 나는 누가 네가이며 포시인지를 밝힐 수 있는 능력을 지닌 자를 보낼 것이니, 그가 누구인지 너희는 곧 알게 될 것이며, 그의 본질은 너희 나라에 첫번째 하늘 나라가 이루어질 때 자연히 밝혀지리라.

너희 나라에 장차 나타날 일곱 기둥은 과거세(過去世)에 각기 다른 시대와 민족의 일원으로 활약한 자들 가운데 뽑히어 너희 나라에 태어날 것이니, 이는 인간은 나의 분령체(分靈體)이며, 내 앞에는 민족의 차별이 없고 모두 한 형제임을 밝히기 위함이니라.

한국이라 함은 한 나라라 함이니 내 앞에 한 나라를 이룬다는 뜻이며, 하늘나라가 너희 나라에서부터 이루어지며 구세주란 세상의 주인인 나를 진심으로 구하는 자라는 뜻이니 나를 진심으로 구해 마지 않는 자에게는 나의 힘이 주어지리니 이 세상에 구세주가 가득차는 날 지상천국(地上天國)이 이루어지리라.

지상 천국이 이루어지면 하늘나라에도 함께 하늘 천국이 이루어지리니 지상에서 풀리면 하늘에서도 풀리며, 지상에서 맺으면 하늘에서도 맺어지리라.

또한 너희 나라 아닌 곳에서 나머지 다섯 쌍의 의인(義人)들의 무리가 나리니, 때가 오면 너희가 서로 알게 되어 열 두 개의 기둥이 되어 그 기둥 위에 지상천국(地上天國)이 이루어지리라.

의인(義人)들의 수효는 모두 합하여 14만 4천 명이니 너희가 힘써 서로 찾아 합한즉 너희 모두에게 하늘의 축복이 나려지리라.

1973. 2. 8

《註釋》

여기 쓰여진 글은 이른바 자동기술(自動記述)에 의해 쓰여진 글임을 우선 밝혀 둔다.

1973년 2월 8일 밤이었다고 생각된다. 그날 따라 유난히 피곤을 느낀 필자가 자리에 누으려는데 갑자기 머리가 빠개지는 것같이 아팠다.

그러자 어디선지 소리 없는 소리가 들려 왔다.

급히 이를 말이 있으니 받아 쓰라는 그런 지시였다.

필자는 한 손으로는 아픈 머리를 만지면서 원고지를 찾아 놓고 만년필을 집어 들었다. 그러자, 만년필을 쥔 손이 움직여서 앞서와 같은 글을 기록한 것이었다. 다 적어 놓고 읽어 보니 필자는 새삼스레 놀라운 마음을 금할 수가 없었다.

왜냐하면 필자가 평소에 느껴왔던 여러 가지 문제점이 단번에 풀린 것 같은 느낌이 들었기 때문이었다.

삼국시대에는 찬란한 문화를 자랑했던 우리나라가 삼국통일 이후는 국가적으로나 민족적으로 불행이 계속되어 온 이유가 비로서 납득되었기 때문이기도 했다.

삼국이 통일되면서 만주땅은 영원히 우리에게서 떨어져 나간 것이 사실이고, 고대 우리 민족이 지녔던 웅대한 기상도 또한 사라져 버린 것이며, 그 뒤로는 고난의 역사가 계속된 터였다.
　필자는 기독교도도 아니오, 또한 불교도도 아니며 성경이나 불경에 대한 소양도 없는 처지였다. 그런데 필자가 알지도 못하는 이야기가 이 '말씀(自動記述)'에는 많이 나타나 있다.
　의심하는 분들이 본다면, 필자가 작가인 만큼 자기의 평소의 생각을 하느님의 말씀을 빙자하여 발표했다고 크게 탓할 분도 많으리라고 생각된다. 그러나 앞서 소개한 글은 분명히 자동기술(自動記述)에 의해 쓰여진 것임을 다시금 다짐하는 바이다.
　또 다시 6·25와 같은 민족상잔의 전쟁이 일어난다면 그것은 곧, 제3차 세계대전의 도인(導因)이 될 수도 있다고 생각한다.
　인도차이나 사태 이후, 민심(民心)은 상당히 뒤설래고 있다는 관측도 있지만 우리 모두가 어떻게 해서든 민족상잔의 추악한 역사를 또다시 되풀이 해서는 안된다는 것을 거듭 강조하면서 필자를 통해서 쓰여진 '하늘이 내리신 말씀'을 여러 동포들 앞에 경건히 바치는 바이다.

저 자

제1부
인류 종말의 예언

제1장
고금(古今)의 말세론(末世論)

1. 지금은 말세(末世)인가?

　1972년 2월 하와이에서 '수병좌(水甁座) 시대의 세계회의'라고 하는 이색적인 세계대회가 개최되었다. 이 회의에 참석한 사람은 미국을 비롯한 세계 각처에서 모인 예언자·점술가(占術家)·심령학자 등 약 3백명인데, 호놀룰루 최대의 호텔인 힐튼 하와이언 빌리지를 회의장으로 정하고, 세계의 종말에 대한 예언을 발표하고, 인류의 운명에 관한 의견을 나누었다.
　이 회의에 참석했던 두 사람이 현재 세계 각국을 순방하면서 이 회의에서 채택한 결의안을 소개하고 있는데, 그 중의 한 사람인 인도네시아 출신의 파리다 여사는, 우주인과 교신(交信)하여 주목을 받고 있는 영능자(靈能者)이다.
　세계는 바야흐로 종말 시대로 접어들었다. 우주인과의 교신을 통해 인류를 파멸로부터 구하고 싶다는 그녀는 소련이나 중공까지도 방문해 초능력자의 세계회의를 열겠다고 한다.
　한편 미국에서는 의사가 완전히 포기한 중환자를 심령치료(心靈治療)에 의해서 수없이 완치시킨 에드가 케이시, 또는 케네디 대통령의 암살을 예언한 딕슨 부인 등, 뛰어난 초능력자들이 잇달아 나타나는가 하면 런던에서는 투시력(透

視力)이 비상한 청년이 화제를 모으고 있으며, 파리의 최신 건축 '판 아메리칸 빌딩'의 1층에서는 전자계산에 의한 점성 (占星)을 위해 IBH1405 컴퓨터 2대가 쉴새없이 가동되고 있다. 그야말로 세계적으로 선풍 같은 오컬트(Occult : 초자연적 현상·마술·신비학을 총칭함) 붐이다.

과학 만능을 구가하고 있는 선진 각국에서 이 같은 신비주의적 경향이 붐을 이루고 있는 현상은 무슨 까닭일까?

기상(氣象)이나 지질학상의 갖가지 이변(異變), 자원의 고갈, 경제 파탄 등, 이런 과정에서 과연 오늘날과 같은 오컬트 붐의 이상현상(異狀現象)을 설명할 수 있을까?

인류를 파멸로 몰고 갈런지도 모르는 가장 무서운 요소가 사실은 우리의 '마음'에 있는 것이 아닐까. 노이로제와 정신병의 격증, 미래에의 절망과 인간 불신감에서 빚는 자살과 흉악 범죄의 유행, 이러한 말세 현상에 몰린 나머지 사람들은 이제 과학 만능적 합리주의에 환멸을 느끼고, 오컬트적인 신비주의에 눈을 돌리기 시작한 것이 아닐까.

2. 오컬트 예언

　오컬트란 말은 본래 Occultus 즉, '감춘다, 숨는다, 비밀'을 뜻하는 라틴어로서, 유럽 사회의 전통적인 가톨릭 교리에 어긋나는 밀교(密敎)임을 나타낸다. 따라서 종래에는 학문으로 인정받지 못하고 다만 비전적(秘傳的)으로 은밀히 전해져 왔다.
　이 오컬트에는 여러 종류가 있는데, 크게 나누어 다음과 같은 두 가지로 요약할 수 있다.
　첫째는 보통 학문과 마찬가지로, 어느 정도 체계있고 이론이 확연한 기술로서, 점성술・수상(手相)・관상・사주(四柱)・풍수지리(風水地理)・타로 카아드(Tarot-Card)등이 이에 속한다.
　다른 하나는 주문(呪文)・의식(儀式)・부적(符籍)을 중요시하여, 염(念)영능연금술(鍊金術) 등의 마술적 요소를 중점적으로 발달시킨 이른바 좁은 의미에서의 오컬트이다.
　다시 말해서 이론적 오컬트와 마술적 오컬트가 있는데, 그 근본 원리나 사상은 같으면서도 서로 퍽 다른 타입을 보이고 있다.
　여기서 유럽에 있어서의 오컬트 역사를 돌이켜 보면, 시대의 변천이나 요구에 따라 이 두 타입의 오컬트가 번갈아 가며 흥망성쇠를 거듭해 왔음을 알 수 있다. 때로는 이론적인 오컬트가 환영받고 때로는 마술적인 오컬트가 폭발적인 유행을 보이곤 했었다.

15세기 이전

개인의 운세(運勢)나 사회의 미래를 점치고 또는 예언하는 기술은 서양에서나 동양에서나 오랜 옛날부터 추구되어 왔다. 인류가 이 지상에 나타나서 비로소 느낀 공포는 죽음에 대한 것이었고, 다음에 느낀 것은 미래에 대한 불안감이었다. 그래서 미래를 내다보는 예언자는 그 집단에서 지도자로서의 강력한 권력을 장악하는 것이 예사였다.

종교의 시조(始祖)는 거의 뛰어난 예언자들이었고, 또 그들은 인류의 장래에 대해 예언하고 있다.

유럽에서의 예언하는 기술에서 가장 오랜 전통과 역사를 지닌 것은 점성술이었다. 그리고 종교 지도자들의 예언을 제외하면 15세기까지의 예언자들은 대부분 점성가들이었다.

1186년 전에 유럽을 휩쓴 폭풍우를 예언하여 '천지 이변이 일어난다. 큰 재앙이 닥친다'고 외친 것도 점성가였다.

서기 1311년에 죽은 유명한 예언자 아루노 역시 점성가였는데, 그는 당시의 성직자와 교회를 비판하여, '점성술에 의하면 이런 세태가 계속되면 14세기 중엽에 그리스도교에 반항하는 인물들이 나타나며, 이윽고 세계의 종말이 온다.'는 대담한 예언으로 유명하다.

당시, 그리스도 교회의 권위에 반항하는 발언이란 실로 목숨을 건 모험이 아닐 수 없었다. 그는 다행이 뛰어난 의술로 국왕과 교황의 병을 치료한 일이 있어서 화형(火刑)은 면했지만 그러나 체포와 구금 등의 탄압을 벗어나지는 못했다.

1340년 영국의 존 오브 바시네는 '페스트가 유행하여 유럽 인구의 3분의 2가 죽을 것이다'라고 말했는데, 1348년에 유럽 전체를 휩쓸고 많은 사람들을 희생시킨 페스트의 유행을 예언한 것으로 유명한다.

16~17세기

이때가 유럽에서 종말론이 가장 크게 유행했던 시대인데, 노스트라다무스를 비롯한 수많은 예언자들이 속출해 인류의 종말을 예언했다. 문화가 비교적 발달한 이 시기였으므로 마술·연금술·점성술 등의 오컬트가 부쩍 유행하고, 종말론과 예언이 사람들의 마음을 사로잡은 것은 오늘날의 오컬트 붐과 일맥상통하는 점이 있다.

로마 교회의 타락과 무서운 페스트 병의 유행으로 당시의 사회는 불안과 혼란이 계속되었고, 사람들의 마음은 교회를 떠나 직접 신(神)을 찾으려는 개인주의적 신비주의로 쏠렸던 것이다.

이 무렵에는 오컬트의 이론적 연구도 활발했다. '오컬트야말로 신의 존재와 그 뜻을 자연속에서 발견하는 방법을 우리에게 가르쳐 준다'고 주장한 아그립파 존 비트라스하임 (1485~1555)은 마술과 종래의 신비주의적 비결 등을 집대성한 《오컬트 철학》이라는 저서를 내어 오컬트의 이론적 골격을 세웠는데, 이 책은 당시 유럽 전역에서 8백만부 이상이나 보급되었다고 한다.

우주와 자연에 대한 비전적(祕傳的)인 지식인 오컬트는 물리학·수학·신학(神學)의 3가지 학문을 기초로 삼고, 이 지구상에 혼합된 형태로 존재하는 '불·물·흙·공기'의 4원소를 파악함으로써 사물(事物)의 가치를 이해할 수 있다고 아그립파는 주장했다. 하지만 그것만으로는 우주의 본질을 파악할 수 없다.

우주에는 물체(物體)를 초월한 신비적인 가치가 있으며, 유사(類似)한 원리와 적대의 원리가 존재한다. 즉, 물체는 그 자체로만 존재하는 것이 아니며, 유사 또는 적대의 관계로 나누어진다고 그는 말한다.

유사한 것에는 우주의 뜻이 반영되지만, 적대 관계에 있는 것에는 운명적으로 우주의 뜻과 맞지 않는 숙명이 있어 우주를 파멸 또는 혼란시키는 원인이 된다는 것이다.

'근대 화합요법(化學療法)의 아버지'라고 불리는 바라케루스(1493~1541)도 아그립파의 우주론과 같은 주장을 하고 있다. 그는 '인간에게는 자석이 있어서 그 개인의 독자적인 진동을 만들기도 하고 받아들이기도 한다'고 했으며, 천체(天體)가 인간에게 영향을 주고 질병도 별의 작용 때문이라고 하여 그 치료에는 주술적(呪術的)인 방법이 필요하다고 주장했다.

한편, 16세기는 수많은 예언과 높은 적중률로서 오늘날까지 대예언자로서의 자리를 확보하고 있는 노스트라다무스가 활약한 시기이기도 하지만, 당시에 속출했던 여러 예언자 중에는 단순한 공포(空砲)로 끝난 예언때문에 오히려 민심을 헛되이 혼란시켰을 뿐인 사람들도 적지 않았다.

이를테면 1500년에는 이탈리아의 점성가인 아고스티노 니포가, 1520년에는 오스트리아의 한 빌단이, 1524년에는 독일의 요한 스토에펠이 다같이 '노아의 방주(方舟)' 이야기와 같은 무서운 홍수에 의한 세계의 종말이 임박했다고 예언했으나, 그들이 지적한 시기가 지나도 홍수는 없었다.

그리고 1583년에는 리처드 하아벨이라는 영국의 점성가가 '토성과 목성이 같은 위치에 나란이 위치하는 4월 28일 정오에 종말적 대홍수가 일어나고 세계는 종말을 고한다'고 예언하여 세상을 공포 속에 몰아 넣었지만, 그날 영국에는 홍수가 나지 않았고, 단지 그해 7월 일본에서 대홍수가 났었다는 기록이 전해질 따름이다.

18~19세기

18세기에 접어들면서부터 유럽에서는 마술적인 오컬트가 사람들의 관심을 끌기 시작했다. 이 부문에서 크게 활약한 인물은 상 데르망 백작(1710~1780), 카리오스토그(1743~1795), 카사노바(1725~1795) 등으로서, 그 중에서도 상 데르망은 죽은 후에도 그의 생존설이 나돌 만큼 놀라운 일을 생전에 수없이 공개했던 것으로 유명하다.

그는 은(銀)을 금(金)으로 만들어 버리는가 하면 다이아몬드의 홈(결점)을 눈깜짝할 사이에 없애기도 했고, 루이 15세 앞에서 몸의 순결을 지키려고 음독자살한 소녀를 두 시간 후에 거뜬히 소생시켜 화제를 모으기도 했다.

하지만 이 시대에도 예언이나 점성술에 대한 사람들의 관심은 결코 사라지지 않았다. 사회적으로 격심한 변동을 겪은 당시의 유럽에서도 이런 경향이 가장 성행한 곳은 프랑스의 파리였다.

프랑스 혁명에서 지도적 역할을 한 로베스 피엘이나 당통 등도 당시의 유명한 예언자 르 노르망을 자주 방문하여 장래에 대한 예언을 들었다고 한다.

한편, 종말론 소동으로는 1736년 영국에서 일어났던 것이 가장 인상적이었다고 하겠다. 이 소동은 케임브리지 대학에서 뉴턴의 뒤를 이어 천문학 강의를 맡고 있던 윌리엄 휘스튼의 예언때문이었다.

그는 '다음 목요일의 오전 5시, 큰 혜성(彗星)이 나타나고 월식이 시작된다. 이것은 구세주가 지상으로 돌아오시는 징조이며, 금요일에 이 세상에는 엄청난 규모의 격렬한 지진이 일어나서 세계는 종말을 맞는다'고 예언했다.

이 예언은 금방 런던 시내에 널리 퍼지고 수천 명의 시민이 집을 버리고 허둥지둥 피난하는 소동이 벌어졌다. 휘스튼이 예언한 시간에 하늘에는 문제의 큰 혜성이 나타났기 때문에 런던 시민은 물론 유럽 각지에서도 걷잡을 수 없는 공포에 떨었다. 다행히도 휘스튼의 종말 예언은 빗나갔고 오늘날까지 그러한 종말은 닥치지 않았다.

20세기

합리주의적 사고(思考)가 보급되고 과학이 눈부신 발전을 이룩한 20세기에 들어서면서부터 오컬트는 한때 사회의 표면에서 자취를 감춘 듯이 보였다. 그러나 후반기에 접어들면서 사람들의 마음을 사로잡은 위기 의식은 다시금 종말론의 유행을 불러일으켰고 마침내는 요즘과 같은 오컬트 붐이 세계를 휩쓸기 시작했다.

인간의 마음에 큰 변화가 일기 시작한 것은 1962년 2월 경부터라고 점성가들은 말한다. 그것은 그때 천계(天界)에 신비적인 변화, 즉 태양과 달·수성·금성·화성·목성·토성이 모두 수병궁(水甁宮)이라는 성좌에 한데 모였기 때문이라고 한다.

이러한 현상은 그때부터 세상에 큰 변화가 일어날 징조이며, 예로부터 전해 오는 '수병궁시대'가 시작되었음을 말하는 것이라고 점성가들은 해석하고 있다. 그리스도가 이 세상에 나타나고 그 가르침을 사람들이 따르는 시대를 '어좌 시대(魚座時代)'라고 부르며, 그 다음에 오는 새 시대가 '수병궁시대'라는 것이다. '수병궁 시대'는 종래의 과학 만능의 풍조에 대한 반성과 함께 인간이 그 본래의 모습으로 돌아가는 시대인 동시에 격심한 마음의 동요와 불안이 계속되는 시대로서, 인류가 새로운 발전을 이루거나 아니면 완전한 파멸로 종말을 맺거나 하는 극단적인 결과를 빚는 위험한 시기라고 그들은 주장한다.

그동안 등한시되었던 오컬트가 갑자기 재평가 되기 시작한 것도 어쩌면 이러한 시대적 추세 때문인지도 모를 일이다. 20세기 최대의 정신분석학자 프로이트(1856~1939)는 그가 죽기 몇년 전에 친구에게 다음과 같은 편지를 발송했다.

"만일 다시 한번 내 생애를 다시 살 수 있다면 나는 정신분석학보다도 오히려 오컬트의 연구에 일생을 바치겠다."

한편 스위스의 정신분석학자 C·G·융(1875~1961)은 일찍부터 오컬트에 주목하여 먼저 점성술을 익혔다. 그는 482쌍의 부부에 대해 점성술에 의한 부부간의 궁합(宮合)과 만족도를 알아보았고, 또 정신병 환자의 성격을 점성술과 관련시켜 연구한 것으로도 유명하다.

과학 기술에의 과신(過信)과 자만에서 인류는 자연을 잊고 공해(公害)를 퍼뜨려 환경을 파괴하면서 오늘날과 같은 위기를 자초(自招)했다. 문명은 진보했으나 인간의 마음은 어느 시대보다도 무서운 불안과 고독에 짓눌리고 있다. 이리하여 사람들은 예전에 인류가 자연을 대하던 그런 외경(畏敬)과 인간의 예지 능력에 구원의 길을 모색하도록 강요당하고 있는 것이다. 앞으로 어떤 시대가 올런지는 장담할 수 없을지라도 그 시대에 앞서서 그리스도 당시와 같은 '예언시대'가 올 것은 거의 틀림없다고 학자들은 내다보고 있다.

많은 사람들이 각자의 체험이나 육감으로 예언하고, 그러한 예언의 범람이 사람들의 마음을 더욱 어지럽히는 그런 악순환의 반복이, 오늘날의 세대가 바로 이와 같은 말세 현상의 하나인지도 모를 일이다. 우리는 여기서 다음과 같은 《신약(新約)》의 구절을 다시금 음미해 볼 만하다.

〈많은 사람이 내 이름으로 와서 이르되, 나는 그리스도라 하여 많은 사람을 미혹(迷惑)케 하리라. 난리와 난리의 소문을 듣겠으나 너희는 삼가 두려워 말라. 이런 일이 있어야 하되 끝은 아직 아니리라. 민족이 민족을, 나라가 나라를 대적하여 일어나겠고 도처에 기근과 지진이 있으리니 이 모든 것이 재난의 시작이니라. 그때에 사람들이 너희를 환란에 넘겨 주겠으며 너희를 죽이거나 너희가 내 이름을 위하여 모든 민족에게 미움을 받으리라. 그때에 많은 사람이 시험에 빠져 서로 잡아먹고 서로 미워하겠으며, 거짓 선지자(先知者)가 많이 일어나 많은 사람을 미혹하게 하겠으며, 불법이 성하므로 많은 사람의 사랑이 식어지리라.〉(마태복음 24장 5절~12절)

3. 종교계의 예언

종교와 예언

고난에 찬 현세를 벗어난 내세(來世), 또는 지상 천국에서의 복된 삶을 지향(志向)하고 있으므로 종교는 거의 모두가 독자적인 미래관(未來觀)과 이와 관련된 예언을 신자들에게 말하고 있다.

다시 말해서 미래에 대한 예언이 없는 종교란 거의 없고 그러한 예언이 신도들에 의해 신봉되고 있다. 인류의 역사는 수많은 종교의 흥망(興亡)을 기록하고 있고, 또 현재 모든 종족을 초월하여 세계적으로 신봉되고 있는 주요 종교만 들더라도 그 종류는 번거로울 만큼 많다.

그러나 인류의 종말에 관한 예언은 대개가 그 시기에 함축성이 많은 애매한 표현이 많고, 우리 한국인에게는 생소한 것도 적지 않으므로 여기서는 우리와 관련 깊은 주요 종교와 민간 신앙을 중심으로 그 예언을 살펴보는 데 그치기로 하겠다.

그리스도교

그리스도교의 경전(經典)인 《성서》는 곧 하나의 '예언서집'이라고도 볼 수 있을 만큼 예언으로 차있다. 예수 탄생 이전에 있던 유태교의 교전(敎典)인 《구약(舊約)》에는 〈여호수아기(記)〉를 비롯한 12가지의 예언서가 들어 있고, 《신약(新約)》에도 〈요한 계시록〉이 있을 만 아니라 예수의 생애를 기록한 《복음서(福音書)》에도 예언이 많이 들어 있다.

그리스도교 신도가 아닌 입장에서 볼 때도 예수를 비롯한 '성서의 예언자'들의 예언 능력은 과거의 어느 예언자에 비해서도 최고급임을 부인할 수 없다. 16세기의 대예언자 노스트라다무스도 이 '성서의 예언'에 대한 조예가 깊었었음은 널리 알려진 사실이다.

그리스도교에서는 서기 2천년 무렵에 구세주가 다시 오실 것이며, 지금은 그의 재림(再臨)이 임박한 말세(末世)라고 보는 신앙이 지배적이다. 묵시록적 견해에 의하면 하느님이 창조하신 이 세상은 이미 그 수명이 다했고, 그 창조는 낡았기 때문에 이 구세대는 머지 않아서 새세대로 교체된다고 한다.

지금은 거의 끝나가는 구세대의 마지막 고비, 즉 말세이며, 새세대의 다가옴은 마치 잉태한 여인이 아기를 낳는 것만큼이나 필연적이라고 한다. 그리고 해산 전의 진통과 마찬가지로 메시아의 재림 전에는 여러 가지 환란이 닥친다는 것이다.

《묵시록》을 쓴 요한은 이 세상이 끝나는 마지막 날에 지구 최후의 대전쟁이 벌어지는 모습을 그렸다. 그런데 《성서》에 쓰인 말, 특히 숫자는 실제의 수를 나타내는 것 이상으로 상징적인 뜻을 지니고 있어서 그 내용을 알아보기 어려운 경우가 많다. 게다가 우리가 읽는 성서는 원전(原典)인 히브리어

(語)로부터 옮기는 과정에서 뜻이 애매해지고 내용이 변한 부분도 없지 않았을 것으로 보이기도 한다. 얼마 전에 종교가이며 신학자인 휠 린데이는 《성서》의 연구와 세계 각지를 수없이 많이 답사한 끝에 《사라져 가는 위대한 혹성·지구인(地球人)》이라는 저서를 통해 세계적으로 큰 센세이션을 일으켰는데 이 저서에서 그는 다음과 같이 역설하고 있다.

"성서에 기록된 갖가지 예언은 서기 2000년까지는 모두 실현된다. 유태인이 이스라엘에 돌아온 사실 즉, 이스라엘의 건국은 세계의 역사가 종말에 한 걸음 더 다가섰음을 말해 준다. 이 세계를 파멸시킬 제3차 대전이 이스라엘을 중심으로 일어날 것이다.

오늘날 많은 사람들은 미래에 일어날 사태를 예측할 방법을 찾기에 열중하고 있다. 그들은 점성술이나 마법에까지 관심을 쏟고 있다. 그러면서도 온갖 예언 중에서 가장 권위 있는 히브리의 예언을 간과(看過)하는 까닭을 나는 모르겠다. 인류의 역사에 종말이 임박했음을 히브리의 예언자들이 말했듯이 여러 가지 중요한 징조가 나타나고 있는데, 방황하던 유태인들이 이스라엘 땅에 돌아온 사실도 분명히 그 중의 하나이다.

한편 미국의 부흥전도사 빌리 그레함은 다음과 같이 외치고 있다.

"성서에 의하면, 역사의 어느 시기에 이르면 사탄의 세력이 역사상 전례 없는 규모로 강해진다고 한다. 그러므로 우리는 앞으로 25년간 한편으로는 악의 세력이 커지고 또 한편으로는 선(善)의 세력이 놀랄 만큼 자라는 것을 목격하게 될 것이다. 하느님은 앞으로 우리에게 어떤 고통을 시련으로 줄지는 모르나, 하느님은 그 뜻을 이루기 위해 움직이고 계시는 것이다. 공산주의도 미국의 물질주의도 인류 역사의 마지막 장을 장식하지는 못할 것이며, 하느님만이 인류 역사의 종지부를 찍으실 것이다."

불교

불교의 우주관(宇宙觀)에 의하면 세계는 혼란과 소멸의 시기인 '회겁(劫)'에서 시작하여, 무(無)의 상태가 계속되는 '공겁(空劫)', 새로운 것이 생성하는 '성겁(成劫)'을 거쳐서 생성한 것이 계속 존재하는 '주겁(住劫)'인 현재에 이르렀다고 한다. 이 주겁기(住劫期)에는 전생·전염병·기근 등 각가지 재앙이 번갈아 일어나고 화재·풍해·수해 따위가 계속 발생하는데, 이 주겁기는 다시 다음과 같은 3시대로 구분되며, 지금은 그 마지막 시대에 해당한다는 것이다.

① 정법시(正法時) —— 석가가 죽은 때로부터 1천년간[5백년간으로 보는 주장도 있다]으로서, 석가의 가르침이 그대로 신봉되는 시기.

② 상법시(象法時) —— 정법시 다음의 1천년간으로서, 석가의 가르침이 신봉되고 수행도 거듭되지만 참된 깨달음을 얻지 못하는 시기.

③ 말법시(末法時) —— 상법시 다음의 1천년간으로서, 불법은 이름뿐이며 그 진가(眞價)를 잃어버리는 시기.

지금은 말법시의 마지막 고비여서 온갖 재앙이 끊임없고 사람들은 불안과 절망 속에서 신음하는데, 이 주겁기(住劫期)가 끝나는 불기 3000년대에는 미륵불이 강탄하여 새시대가 열린다고 한다. 이 '미륵시대'에는 모든 중생이 빈곤을 벗어나고 평화와 행복을 누린다는 것인데, 불기 3000년은 서기

1974년에 해당하므로 우리는 이미 '미륵시대'에 살고 있다는 셈이 된다.

천도교

우리 민족 고유의 종교인 천도교(天道敎)에서는, 우리는 오늘날 불안하고 초조한 구세대로부터 새로운 세계로 가는 분수령에 처해 있으며, 앞으로 인내천(人乃天)의 새생활이 요구되는 지상 천국이 임박했다고 한다.
시조(始祖)인 최수운(崔水雲)의 〈몽선가(夢仙歌)〉에 의하면 '하원갑(下元甲) 지나거든 상원갑(上元甲) 호시절에 만고(萬古) 없는 무극대도(無極大道) 이 세상에 날 것이니……'라고 하여, 우리는 이 환란의 시대로부터 고통없는 이상향으로 접어드는 시점에 서 있다고 한다.
천도교에서는 또, 과거는 언전(言戰) 시대였고, 오늘날은 재전(財戰) 시대이며, 머지 않아 좋은 해결을 이루어 인류는 도전(道戰) 시대로 들어간다고 주장하고 있다.
도전의 세계에서 인류는 완전한 행복을 얻으며 진리의 투쟁이 벌어진다고 한다. 즉, 악한 제도나 악한 심리(心理)로 말미암은 투쟁이 없어지고 인간의 행복을 추구하는 창조적 투쟁, 우주의 최고 정신에 참여하려는 활동이 전개될 따름이라는 것이다.

4. 기타 예언

역학(易學)

　고대 중국에서 창시되어 우리나라를 비롯한 동양 각국에서 오랫동안 영향을 끼친 역(易)에는 '궁하면 변하고 변하면 통하며 통하면 영원하다.(窮則變 變則通 通則久)'라는 말이 있다. 만물의 운행에는 어떤 한계가 있는데, 그 한계에 다다르면 막히고, 막힌 사물은 크게 변하여 새 진로를 찾아 화성(化成)하게 마련이라는 뜻이다.
　오늘날의 여러가지 상황을 이 우주관에 비추어 본다면, 우리는 바로 궁(窮)의 상태에 있으며, 어떤 큰 변화를 겪을 시기를 당하고 있음을 짐작할 수 있다. 역에는 〈복희팔괘도(伏羲八卦圖)〉와 〈문왕팔괘도(文王八卦圖)〉, 그리고 〈정역(正易)팔괘도〉가 있는데, 팔괘도에서의 생(生)·장(長)·성(成)의 단계를 역사에서 살펴보면 복희가 팔괘도를 지었을 때부터 은(殷)나라 말기에 이르는 약 3천년간은 '생'의 단계와 같고, 문왕(文王)이 팔괘도를 지었을 때부터 오늘에 이르는 약 3천년간은 '장'의 단계, 정역도가 나타날 앞으로의 시대는 '성'의 단계와 같다고 한다.
　'생'의 단계는 새싹이 움트려는 태초(太初)에 작은 나무의

잎과 가지가 자라는 유형(類型)이며, '성'의 단계는 열매를 맺는 변화의 단계로서 선천시대(先天時代), 즉 복회·문왕의 시대는 구세대요, 후천시대 즉 정역팔괘도의 시대는 새 세대라는 것이다.

그런데 선천시대의 끝 무렵에는 사람이 함정에 빠지고 그물에 걸리는 상(象)으로서, 서로 공격하고 공격받는 인류사상 가장 어려운 곤경에 처한다고 한다. 또 지금은 마치 4월에서 5월로 넘어가는 대과괘(大過卦)의 시대에 해당하는 때로서, 음양이 함께 상하여 상장(喪葬)의 상(象)이 있어 살벌의 기(氣)가 성하며 세상이 모두 과오를 범하고 있다는 것이다.

이 시기가 지나면 후천 시대인 함환시대(咸桓時代)가 될 것인바, 함(咸)은 성인(聖人)이 인심을 감응시켜 천하가 화평하는 상(象)이요, 환(桓)은 성인이 도(道)를 따라 치세(治世)하여 천하가 화성(化成)하는 상(象)으로서, 예악(禮樂)이 행해지는 살기 좋은 세상이 된다는 것이다.

《정감록》

우리나라에 전해지는 예언으로서는 《정감록(鄭鑑錄)》이 대표적이다. 미래의 일을 말한 것으로는 토정비결(土亭祕決)이 보다 널리 알려져 있어서 요즘에도 세모나 연초에 걸쳐 이 비결로 새해의 운세를 알아보는 풍경이 연중 행사의 하나처럼 보급되고 있으나, 이것은 어디까지나 개인의 신수를 음양오행설(陰陽五行說)로 풀이한 것일 뿐 세상 일을 내다 본 예언은 아닌 것이다.

《정감록》이란 고려 말기와 이조(李朝) 초기에 걸쳐 나타난 여러 비결(祕決) 중의 《감결(鑑訣)》을 비롯하여 《동국

역대기수 본궁음양결(東國歷代氣數 本宮陰陽訣)》《역대왕도본궁수(歷代王都本宮數)》 등, 풍수학적으로 우리 국운의 미래를 예언한 것을 통틀어 가리킨다.

《정감록》으로 불리는 비결은 약 50종이 전해지고 있는데, 그 중에는 당시 필사(筆寫)로 유포되는 과정에서 첨삭·보필(補筆)된 이본(異本)이 대부분을 차지하는 것으로 보인다. 그러니만큼 《정감록》의 저자 또한 정감(鄭鑑 또는 鄭堪)을 비롯해서 도선(道詵)·무학(無學)·서산대사(西山大師)·이 토정(李土亭), 남 사고(南師古) 등 여러 고승과 기인(奇人)늘로 전해지고 있다.

여기서 한 가지 기억해 둘 것은, 《정감록》은 역(易)의 음양오행설에 근거하여 우리나라에서 발달한 풍수지리설(風水地理說)에 의한 예언서이며, 투시 등 ESP(초감각적 지각)에 의한 외국의 예언과는 그 성격을 달리한다는 점이다.

《감결》은 대화 형식으로 되어 있으며, 고려조에서 이조로 나라가 옮길 것과, 이조는 5백년 후에 멸망하고 정씨가 왕위에 올라 계룡산에 도읍할 것이라는 예언을 그 내용으로 하고 있다. 이제 그 주된 내용을 소개하면 다음과 같다.

① 운수가 송악으로 옮겨져서 5백년 도읍할 땅이 되나 요망한 중과 궁녀가 난을 꾸며 땅기운이 쇠퇴하고 천운이 막히면 운수는 한양으로 옮기리라.

(元氣 移于松岳 五百年之地 妖僧宮姬作亂 地氣衰敗 天運否塞 運移于漢陽)

② 내맥의 운수가 금강산으로 옮기어 태백산(안동에 있음)과 소백산(순흥에 있음)에 이르러 산천의 기운이 뭉치어 계룡산으로 들어갔으니 정씨가 8백년 도읍할 땅이요, 원맥은 가야산으로 들어갔으니 조씨가 천년 도읍할 땅이요……

(來脈 運移金剛 至于太白(在安東) 小白(在順興) 山川鍾氣 入於鷄龍山 鄭氏八百年之地 元脈伽倻山 趙氏千年之地……)

③ 너의 자손 말년에 궁중의 과부가 제 뜻대로 오로지 하고 전하인 어린 아이가 손으로 밀어 맡기면 나라 일은 장차 그르게 되고……

(汝子孫末 宮中寡婦 意自事 殿下嬰兒 手自推 國事將非……)

④ 사자가 갓을 빗겨 쓰고 신인이 옷을 벗고 주변에 기를 빗겼다가 성인의 휘자에 팔을 가하고……

(士者橫冠 神人脫衣 走邊橫己 聖諱加八)〔壬申起兵을 뜻함. 즉 士자가 빗겨 쓰면 壬, 神자가 옷을 벗으면 申, 走변에 己자를 빗기면 起, 孔子의 이름 丘자에 八자를 더하면 兵이 된다.〕

⑤ 계룡산 돌이 희여지고 청포의 대가 희여지고 초포에 조수가 생기어 배가 다니고 누런 안개와 검은 구름이 사흘 동안 가득차고 살별이 진성 머리에……대중화 소중화가 함께 망하리라.

(鷄龍石白 淸浦竹白 草浦潮生行舟 黃霧黑雲 亦盪三日 彗星出於軫頭…… 則大小中華一偕亡矣)

⑥ 신년 봄 3월, 성세 가을 8월에 인천과 부평 사이에 밤에 배 천척이 닿고 안성 죽산 사이에 쌓인 송장이 산과 같고, 여주 광주 사이에 사람의 그림자가 영영 끊어지고, 수성 당성 사이에 흐르는 피는 내를 이루고 한강 남쪽 백 리에 닭과 개의 소리가 없고 사람의 그림자가 아주 끊어지리라.

(申年春三月 聖歲秋八月 仁富之間 夜泊千艘 安竹之間 積尸如山 驪廣之間 人影永絶 隋唐之間 流血成川 漢南百里 鷄犬無聲 人影永絶)

⑦ 아홉 해 수재와 열두 해 병란이 있을 것이니 어떤 사람이 피하겠는가. 십승지에 들어간 사람은 그때를 보아 살 것이다.
(九年之水 十二年兵火 何人避之乎 入於十勝地者 觀共時而生)
⑧ 황해도 평안도 두 서쪽 땅은 3년 동안 천리 지경에 사람의 연기가 없을 것이요, 또 동쪽 강원도 지방은 대단히 꺼린다.
(黃平兩西 則三年之內 千里無人烟 又切忌東峽)
⑨ 말세의 재앙을 내가 말하겠다. 아홉 해 큰 흉년에 인민이 나무 껍질을 먹고 살 것이요, 4년 동안 열병에 인명이 반은 덜릴 것이요, 사대부의 집은 인삼으로 망하고 벼슬아치의 집은 이를 탐하는 데서 망하리라.
(末世之災 吾且詳言 九年大歉 人民食木皮而生 四千染氣 人命除半 士大夫之家 亡於人蔘 仕官之家 亡於貪利)
⑩ 계룡산의 돌이 희여지고 평평한 모래가 삼십리에 남문이 다시 일어나고, 내 자손 끝에 쥐얼굴에 범의 눈 같은 사람이 생기고, 큰 흉년이 가끔 들고 호환으로 사람이 상하고, 생선과 소금이 지극히 천하고 빗물이 마르고 산이 무너지면, 백두산 북쪽에 오랑케 말이 길게 울고 평안 황해 양서 사이에 원통한 피가 하늘에 넘치더라.
(鷄龍石白 平沙三千里 南門復起 汝子孫末 鼠面虎目 大歉時至 虎患傷人 魚鹽至賤 川渴山崩 則白頭之北 胡馬長湫 兩西之間 冤血漲天)
⑪ 대개 세상에서 몸을 피하자면 산도 이롭지 못하고 물도 이롭지 않고 양궁이 가장 좋다.
(善人世避身 不利於山 不利於水 最好兩弓)〔兩弓은 활활,

즉 넓은 곳을 뜻함]

《감결》도 예외는 아니지만, 비결의 대부분은 파자(破字)를 쓴다든지, 한자(漢字)의 음훈(音訓)을 빌어 어떤 뜻을 나타낸다든지 하여, 이해하기 어려운 부분이 많고 시기의 지적도 막연한 표현인 것이 대부분이다. 그래서 귀에 걸면 귀고리 코에 걸면 코걸이격으로, 어떤 대사건이 있은 다음에야 뒤늦게 그 일을 지적한 것이려니 해석되는 경우가 많다.

이를테면 정감록의 하나로 전하는 《무학비결(無學祕決)》의 경우, 다음과 같은 식으로 사건의 시기를 기록하고 있다.

〈기사(己巳)년에는 쥐처럼 훔치는 도둑을 면하기 어렵고
경오(庚午)년에는 용이 슬피 우는 것을 보리라.
신·유년에는 군사가 사방에서 일어나고
술·해년에는 사람이 많이 죽고
자·축년에는 오히려 정하지 못하고
인·묘년에는 일을 바야흐로 알 수 있다
진·사년에 성인이 나오니
오·미년에 즐거움이 당당하리라.
黃巳難免鼠竊寇 金馬可見龍吟哀 申酉兵四起 戌亥人多死 子丑猶未定 寅卯事方知 辰巳聖人出 午未樂堂堂〉

한편 1933년에 일제(日帝)의 손으로 편찬된 《조선의 점복(占卜)과 예언》이라는 책에는 다음과 같은 예언이 민간에 전해지고 있었다는 사실이 기록되어 있다.

〈태평양회의가 열린 다음 미일전쟁이 일어나고 그 전쟁이 끝난 뒤에 독립한다.〉

〈앞으로 10년간 세계 전쟁은 계속되며 그 결과 일본은 결정적으로 패배하는 동시에 우리의 독립이 실현될 것이다.〉

이러한 예언이 군국주의 일본의 점령하에 있던 당시의 우리 민족에게 등불과도 같은 구실을 하였음은 말할 것도 없다. 해방 전 우리에게는 《정감록》이라는 말 자체가 우리의 독립을 뜻하는 표현으로 통하기도 할 정도였다.

당시에는 해방을 지적한 것으로 보이는 예언이 여러 가지 유포되고 있었는데, 그 중에서도 '육육대월(六六大月)이 지나면 나라를 찾는다'던 예언은 너무나 신통하게 적중한 것으로 유명하다.

음력으로 큰 유월 달이 6년간 계속되면 우리나라가 독립된다는 것이었는데, 실제로 1945년 8월 15일은 음력으로 7월이었고, 큰 6월이 6년째 계속된 해였다.

같은 비결에 '육대 구월 해운개(六大九月 海運開)'라는 예언이 있는데, 역서(曆書)를 보면 1968~74년에 큰 9월이 계속 들어 있다.

해운(海運)이란 세계의 근본 운수를 뜻하는 말이므로, 지난 1974년부터 세계가 여태까지의 고난을 벗어나서 태평 시대로 접어든다는 예언으로 보인다.

이 1974년은 불교에서 '미륵의 세계'가 시작된다는 해이기도 한데, 서양의 예언들이 하나같이 인류 종말의 시기로 지적한 것과는 아주 대조적이다.

5. 필자의 말세론

　필자는 이렇게 생각한다. 이제 앞으로 우리에게 주어진 시간은 짧으면 10년, 길어도 20년을 넘지 못하리라고. 세계의 많은 학자들은 인구 폭팔을 걱정하지만 필자의 생각은 오히려 그 반대다. 10년 내지 20년이면 인체(人體) 안에 저장되는 여러 가지 공해물질이 한계점에 이르리라고 본다.
　인간은 생식 능력을 급속히 상실하게 될 것이다. 우선 남자가 덜 태어나고 이어서 여자도 태어나지 않게 될 것이고, 암과 같은 병이 나이와 관계없이 크게 확산될 가능성이 많다.
　둘째는 대기(大氣) 속에 방출된 공해 물질이 지구의 성층권에서 스모그 현상을 일으켜 태양열을 차단시킴으로써 지구의 기온이 급격히 내려 갈 가능성이 크다.
　식량의 부족이 큰 문제를 일으킬 것이다.
　세째는 지구의 전리층(電離層)이 점점 희박해 가는 게 큰 문제다. 만일 더 이상 계속해서 원폭 실험을 하거나 대량으로 화약 무기를 사용하는 전쟁이 일어날 경우, 전리층은 아주 소멸될 가능성도 있다. 그렇게 되면 각국에 저장된 핵폭탄들이 자동 폭발할 염려가 있다. 그때는 글자 그대로 이 세상은 끝장이 나게 마련이다.

그러면 우리 인류가 이 위기에서 벗어날 수 있는 길은 전혀 없을까? 아니 분명히 하나의 길은 있다.

필자가 연구하고 있는 체질 개선의 원리가 널리 세계적으로 보급되면, 사람들은 보통인간에서 초인간(超人間)으로 변모하게 된다.

《초능력의 비밀》이라는 책을 쓴 바 있는 일본의 저명한 영각자(靈覺者) 기리야마 야스오(桐山靖雄)씨도 필자와 똑같은 생각을 하고 있다. 그는 밀교(密敎)의 수행에 의해 어제까지의 평범한 인간이 초인간으로 변모할 수 있다고 주장했다.

밀교는 적어도 5천년의 전통을 가진 하나의 뛰어난 기술임은 분명하다. 그러나 필자가 보기에는 밀교의 수행은 제한된 소수인을 구할 수는 있을지 몰라도 많은 사람을 구하기에는 너무나 힘들고 시간이 오래 걸리는 기술이라고 생각된다.

태양 에너지와 장심(掌心)을 이용하여 체질을 바꾸는 기술은 이보다 훨씬 짧은 시간에 가능한 방법이다.

하여튼 체질 개선이 완전하게 된 초인간은 누구나 다음과 같은 능력을 지니게 된다.

① 극도로 발달된 지능(知能) —— 한 번 보고 들은 것은 결코 잊지 않는 뛰어난 기억력. 아무리 복잡한 구조나 조직이라도 순간적으로 분석 및 추리하고 이해하여, 본질을 파악해 버릴 수 있는 힘. 말이라고 하는 간접 사고(間接思考)를 경유하지 않는 순수 사고에서 나타나는 초비약적인 창조력.

이것은 사람의 평균 지능을 1.0이라고 할 때, 아마도 2에서 3.5에 달하게 되리라. 이런 집단에 속하는 사람들의 두뇌는 쉽사리 4차원을 이해한다.

② 감각기관의 증폭 —— 그는 불가시광선(不可視光線)(적

외선·자외선)을 볼 수도 있을 것이고 초음파를 들을 수도 있을 것이다. 물론 그렇다고 해서 평상시에 항상 이런 능력이 발동한다는 이야기는 아니다. 뛰어나게 발달된 감각과 지능의 결합에서 오는 예지력은 실로 놀라운 경지에 달할 것이다.

또한 밑이 막혀 있는 병과 같은 보통 인간과는 달리, 스스로의 몸 안에 들어오는 공해물질을 진동에 의해 기체화 시켜서 몸 밖으로 배출할 수 있으므로 공해의 영향을 거의 안 받을 수가 있다.

③ 환경의 제어(制御)와 창조── 마음대로 자신을 변모시키고 타인을 움직이며, 집단이나 환경을 자기의 생각대로 창조해 간다.

④ 물질을 넘어서, 물질을 자유스럽게 통제할 수 있는 힘의 획득.

⑤ 무한히 발달된 도덕의식(道德意識)── 미래의 세계에서 운명을 바꾸고 살아 남을 수 있는 인간은 이와 같은 능력을 가진 사람들이라는 것을 필자는 믿어 의심치 않는다.

체질이 바뀌지 않은, 따라서 사고력(思考力)이 빈약한 인간들은 마치 옛날에 신인종(新人種)이 나타나자 역사의 배경 뒤로 슬그머니 사라져 버린 네안달 사람이나 크로마니온 사람들 처럼 사라져 갈 숙명에 처해 있는 것이다.

인종(人種)이 바뀌면서 인구가 급격히 감소되리라는 것, 그리고 이런 현상을 가리켜 말세(末世)다, 또는 선천(先天)이 바뀌고 후천(後天)으로 들어선다고 옛 성인들이 말한 것이라고 필자는 생각한다.

그리고 또 한 가지 종파주의(宗派主義)에 속하는 종교는 결코 인류를 구제할 수 없으리라는 것이 필자의 확고한 신념이다.
 기독교 집단에서 예수가 재림했다고 해도 불교도들은 이를 받아들이지 않을 것이고 또한 불교 집단에서 미륵불이 나왔다고 해도 다른 종파가 이를 받아들이지 않을 것은 너무나 분명한 일이기 때문이다. 인류를 파멸에서 구할 수 있는 것은 오직 오늘날의 과학과는 그 차원(次元)이 다른 4차원의 과학이다.
 인간 속에 깃들인 우주의 비밀이 남김 없이 밝혀지는 날 인간은 종교라는 것이 필요없는 상태에 스스로 도달하게 될 것이고, 초인간으로서의 변모가 이루어질 때 인간은 스스로의 오염된 환경을 개조할 수 있는 능력을 얻게 되리라. 오염된 대기(大氣)에 포함되어 있는 공해 물질을 자원으로 생각해서 이를 회수하려고 노력할 것이다.
 과거에 불교가 우리나라에 들어온 것은, 고구려 소수림왕 때였고, 기독교가 들어온 것은 대원군 시대였지만 지금은 그런 선교가 필요없는 시대다. 만일에 한국에서 인간을 개조할 수 있는 기술이 완전히 개발되어 전파를 통해서도 이를 보급할 수 있다면 인간 사회의 변모는 급격히 이루어지리라고 본다.
 얼마 전까지만 해도 필자는 전화를 통해 '옴 진동'을 보내서 먼 곳에 있는 식수를 전자 이온화시켜 체질 개선에 이바지하고 있거니와 이로 미루어 보아 새로운 지식이 보급되고, 인간을 초인간으로 변모시키는 첫번째 시도는 아마도 TV의 방송을 통해 이루어지리라고 예상된다.
 오늘날의 파멸에 직면한 인류를 구할 수 있는 열쇠는 다름 아닌 인간의 정체(正體)를 규명해 그 인간 속에 숨겨져 있는 우주력의 비밀을 집단적으로 활성화 시키는 데 있다고 생각한다.

 기독교도나 불교신자 뿐만 아니라 그 밖의 종파주의자들은 장구한 세월에 걸쳐 그들이 만든 상식의 벽 속에 갇혀 있기 때문에 막연히 하늘을 우러러 재림주나 미륵불이 나타나기를 기다릴 뿐, 인간을 과학적으로 연구해 초인으로 변모시키는 일은 엄두도 내지 못하고 있는 것이 현실이 아닌가 한다.

 그러나 파멸되어 가는 지구 문명(地球文明)을 보다 차원 높은 세계로 끌어 올려 인간 자체를 초인종(超人種)으로 변모시키는 일은 다름 아닌 우리들 자신의 손으로 이루어져야 한다는 것이 필자의 신념이다. 재림주나 미륵불, 또는 우주인이 나타나서 우리를 도와주리라는 기대는 버리는 게 좋으리라고 생각한다.

 하늘은 스스로 돕는 자를 돕는다고 했다. 우리가 스스로 발전 변모하는 것을 거부할 때, 인류는 아마도 이번에는 살아 남기가 어려우리라고 생각된다. 그러나 아직 절망할 필요는 없다. 우리에게는 아직 10년 내지 20년이라는 시간이 남아 있다.

 그리고 마지막으로 한 가지 한국에서 전쟁이 일어나지 않도록 막아야 한다. 만일 전쟁이 일어난다면 그때는 아무도 세계 파멸을 향해 돌아가는 운명의 수레바퀴를 멈추게 하기는 어려우리라고 생각된다.

 '가화만사성(家和萬事成)'이라는 말이 있듯이, 우리 국민들의 마음이 하나로 단결되어 있을 때는 아무도 우리를 넘볼 수 없는 것이다. 개인의 몸이 저항력을 상실했을 때 병균의 침입을 허용하는 것과 똑같은 이치가 국가에도 그대로 해당되는 것이기 때문이다.

필자는 이 책의 서장(序章)에 '하늘이 내리신 말씀'을 게재했지만 앞으로도 필자는 결코 종교 운동을 할 생각은 없음을 밝혀 둔다. 더 이상의 새로운 종교의 발생은 보다 많은 혼란을 조장시킬 뿐, 아무런 도움이 되지 않을 것이기 때문이다.

하늘이 필자에게 준 사명은, 나 자신의 체질을 더욱 개선해서 완성의 경지에 이르렀을 때 이 비밀을 파멸에 직면해 있는 세계에 공개하는 일이라고 생각한다.

150억개의 뇌신경세포 가운데 극히 일부분 밖에 쓰고 있지 않은 것이 오늘날의 인류의 두뇌이다. 이 두뇌의 뇌신경세포를 좀더 많이 활용할 수 있는 방법을 필자가 터득했다고 자부하지만 아직은 완성 단계에 이르지 못한 것도 또한 솔직히 고백하는 바다.

좀더 단련해야 하고 연구해야 한다.

필자가 이런 이야기를 하는 목적은 한 마디로 말해서 뜻 있는 사람들의 관심을 인간 자체의 연구에 돌리자는 데 있다. 한 사람이나 한 집단보다는 보다 많은 사람들이 참여해야만 발전은 빠를 수 있기 때문이다.

파멸에 직면한 지구 문명과 멸종할 가능성을 지닌 인류 사회를 구하는 길은 오직 하나, 인간 자체 속에 숨어 있는 우주의 비밀을 밝혀내어 이를 활용하는 길밖에 없으며, 또 이것은 다름아닌 우리들 자신의 손에 의해 이루어져야만 한다는 것을 결론적으로 이야기하는 바다.

우리에게 아직 시간이 남아 있는 한 희망은 있다. 집단이 편안하려면 나라가 조용해야 하고 나라가 조용하려면 세계가 안정되어야 한다.

우리 모두의 운명이 실려 있는 우리의 푸른 지구, 이 지구를 환경 오염에서 구하고 서로 시기하고 미워하는 3차원의 인간 사회에서 모든 생명은 하나같이 소중하며, 우리 모두가 하느님의 사랑받는 자녀라는 깊은 자각을 인류가 집단으로 느낄 수 있는 4차원의 진동 문명을 향해 우리 모두가 노력을 해야만 한다.

  그것만이 우리의 후손에게 보람찬 미래를 약속해 줄 수 있는 길이기 때문이다.

제 2 장
오컬트의 예언자들

1. 16세기의 대예언자 노스트라다무스

《대예언서》

1555년 겨울의 어느 날 아침이었다. 프랑스의 리용 시. 자갈이 깔린 뒷골목 보도를 뚜벅뚜벅 걸어가는 노인이 있었다. 꼭 다문 입술에 눈에는 정기가 어려보였다. 노인은 이윽고 어느 점포 앞에서 발을 멈추었다. 그곳은 인쇄소였다.

노인을 맞아들인 인쇄소 주인은 곧 한 아름의 책을 안고 나와서 노인 앞에 펴 놓았다. 목판 잉크 냄새가 묻어나는 듯한 방금 제본한 책들이었다.

표지에는 제세기(諸世紀)를 뜻하는 프랑스어 단어 'Les Siècles'이 적혀 있었고, 속표지에는 '기원 7천년에 이르는 대예언'이라는 의미의 말이 부제(副題)로 인쇄되어 있었다.

책을 펼쳐 보는 노인의 입가에는 만족스러운 미소가 감돌았다. 이 노인이 바로 오늘날까지 대예언자로서 유명한 노스트라다무스 그 사람이었다.

12권이 한 질(帙)로 된 이 예언서에는, 한 권에 100편씩 합해서 1천 2백편의 사행시(四行詩)가 수록되어 있었는데, 그것은 서기 7천년에 이르기까지의 인류와 지구의 운명을 예언한 예언시였던 것이다.

노스트라다무스는 이 예언서를 당시의 국왕 앙리 2세를 비롯한 많은 사람에게 보였는데, 2백질 인쇄했던 원본은 거의가 없어져 버리고 지금은 2질만이 남아있는데, 그나마 223편은 그 모습을 찾아볼 수 없는 상태다.

그런데 4백년 후인 오늘날의 일까지도 눈으로 보듯이 예언한 대예언자 노스트라다무스는 과연 어떤 인물이며, 어떤 기회에 그러한 예언 능력을 나타내게 되었을까.

웹스터 인명사전에는 '노스트라다무스(Nostradamus)' 또는 '미셸 드 노오트르 담'이라는 이름으로 다음과 같이 기술되어 있다.

'노스트라다무스는 1503년에 출생하여 1566년에 죽었다. 프랑스 태생의 의사로서 점성가(占星家), 사행시(四行詩)로 된 예언서를 간행했다. 그의 예언 중에서 유명한 것은 프랑스의 앙리 2세의 죽음이다. 그는 카트리느 드 메디치의 총애를 받아 샤를르 9세의 시의(侍醫)가 되었다.……'

노스트라다무스의 할아버지 피엘 드 노오트르 담도 점성가·의사·철학가로서 유명했고, 프로방스의 르네 왕의 시의였다.

노스트라다무스는 일반 교양은 물론 그의 점성술·연금술(鍊金術), 그리고 히브리의 밀교(密敎)인 '카바라'의 비결도 이 할아버지 밑에서 터득했다.

학교 교육은 몽베리에 대학에서 받았는데, '개교 이래의 수재'라는 칭찬을 받으면서 대학 시절을 보냈다. 1522년 경의 일이다.

이보다 앞서 유럽에서는 12세기의 중엽부터 페스트가 각지에 유행하여 2천 5백만명이나 사망했는데, 후에 이 페스트는 근절되지 않고 15~17세기에 걸쳐 유럽의 여기저기에서 유행하고 있었다.

노스트라다무스가 대학을 졸업한 무렵에도 프랑스에서 페스트가 유행했다. 그는 풋내기 의사로서 페스트가 유행하는 각 지방을 전전하면서 환자의 치료를 계속했다.

그 여행 중에 그는 결혼했고, 이윽고 두 아이의 아버지가 되었다. 그리하여 그의 가정에 기쁨이 넘칠 무렵, 한 동안 뜸하던 페스트가 다시 기승을 부리기 시작했고 드디어는 노스트라다무스의 가정을 덮쳤다. 노스트라다무스는 전력을 다해 싸웠으나 그의 아내와 두 아이는 결국 페스트로 죽고 말았다.

예언자로서 등장

비통에 잠긴 노스트라다무스는 집도 친구도 다 버리고 방랑의 길에 올랐다. 그런데 마침 밀라노 지방을 지나는 도중에서 그는 처음으로 자신의 예언 능력을 자각했던 것이다. 그가 길에서 만난 프란시스코파(派) 수도승들 중에 가난한 농부의 아들인 베레티라는 젊은이가 있었는데, 노스트라다무스의 눈에는 법의(法衣)를 입은 존귀한 인물의 모습이 이 젊은이와 겹쳐 보였다. 그것은 순간적인 일이었으나 연기처럼 사라진 법의의 모습은 그의 머리 속에 선명히 남는 것이 아닌가. 노스트라다무스는 얼른 베레티 앞으로 다가가서 땅바닥에 엎드렸다.

"이 분은 반드시 고귀한 자리에 오르실 분이십니다."

동료 수도승들은 어안이 벙벙한 것도 잠시뿐, 이내 정신이상을 일으킨 것으로 보이는 노스트라다무스를 측은해 하는 것이 고작이었다. 하지만 예언은 적중했고 베레티는 1585

년 교황으로 취임했다. 시크스토스 5세는 바로 젊은 날의 베레티 그 사람이었다.

이 때부터 노스트라다무스의 머리에는 미래의 모습이 떠오르곤 했고, 그는 의사로서 보다도 예언자로서 더 유명해졌다.

앙리 2세의 변사를 예고

노스트라다무스의 소문은 마침내 앙리 2세의 왕비 카트리느 드 메디치의 귀에 들어갔고, 그녀는 곧 궁중으로 그를 불러 들였다. 그는 앙리 2세와 왕비, 그리고 동석한 세 왕자들의 미래상(未來像)이 머리 속에 떠올랐다. 그는 앙리 2세에게 말했다.

"폐하, 부디 결투는 삼가십시오. 앞으로 10년간 각별한 주의를 바랍니다. 뇌에 상처를 입고, 눈이 먼 끝에 천명을 다하지 못하시게 되겠아온즉……"

앙리 2세는 이 불길한 예언이 마음에 걸려 거동을 삼가기 시작했다. 하지만 만 10년째가 되기 1주일 전, 왕은 그토록 명심해 오던 예언을 깜빡 잊어버리고 마르그릿 공주의 결혼 피로연이 열린 차리에서 무술시합을 자청하고 나섰다.

《제세기》의 제1권 제35편에는 앙리 2세의 죽음에 관한 예언이 다음과 같이 기록되어 있다.

젊은 라이온이 늙은이를 쓰러뜨리리라.
맞겨루는 승부의 마당에서
황금 바구니 속의 눈을 그는 찌르니
두 상처는 하나로 합쳐, 괴로운 죽음이 이르리라.

그런데 왕이 택한 시합 상대는 왕의 친위대장 몽고메리 백작. 다부진 체격과 뛰어난 무술로 라이온이라는 별명이 있는 청년이었다.

몽고메리 백작은 방어에만 애썼는데, 이 무술 시합에서 왕은 머리에 부상을 당하고 말에서 떨어지는 참사가 일어났다. 백작의 창 끝을 싸맨 커버가 벗겨지고 어느덧 창 끝은 황금의 투구를 뚫고 왕의 눈을 깊숙히 찔렀던 것이다. 상처는 뇌에 미쳤기 때문에 어찌할 길이 없었다. 왕은 정신을 잃고 몸부림치다가 그길로 죽었다.

세 왕자의 운명에 대해서 노스트라다무스는 한동안 망설인 끝에 다음과 같이 말했다.

"왕자님 세 분께서는 장차 각기 왕위에 오르실 것입니다."

그들은 차례로 왕위에 올라 프랑스를 통치했으나 하나같이 단명하고 어리석은 임금에 그쳤던 것이다.

노스트라다무스의 예언은 그의 당대에 일어난 일 못지 않게, 그의 사후에 벌어지는 사태에 대해서도 놀라운 적중율을 보여왔다.

대영제국(大英帝國)은 3세기 이상에 걸쳐
그 세력을 떨치리라.
그 권세는 뭍을 건너고 바다를 건느리라.
포르투갈은 이에 얼굴을 찌프리리라.

이 예언은 무엇인가. 1588년의 영국 역사를 펴 보기 바란다. 그해, 영국은 스페인의 무적함대를 격파하고 세계의 바다를 지배하기 시작했다. 이때부터 영국인은 세계의 구석구석까지 진출했다. 그때까지 인도의 권익을 독차지해 온 포르투갈이 얼굴을 찌프린 것은 말할 나위도 없는 일이었다.

이때 일세의 풍운아가 나타나서
그 위세를 마음껏 떨치리라.
하지만 그의 절대권은 겨우 20개월뿐
전제(專制)와 학정(虐政)끝에 실의(失意)의 사람이 되리.

이것은 영국의 정치가 크롬웰을 가리킨 예언. 올리버 크롬웰이 영국 의회를 해산하고 무단정치(武斷政治)를 단행한 것은 1655년 1월 12월이었다. 그러나 이듬해 9월 17일에는 다시 의회를 소집하지 않을 수 없었다. 그의 전제정치는 20개월로서 끝나고 말았던 것이다.

그 아들인 왕은
아내되는 여왕의 그릇된 판단을 따르고
그 때문에 마침내는
그 목숨을 잃으리라.

남편에게는 모장(帽章)이 장식된다.
그리고 츄이루리는 5백 명 폭도의 습격을 받는다.
배신자 그는 나르봉, 또 하나는 소오스
다같이 기름통 공장의 문지기였다.

이 두 예언시에서 '아들인 왕'과 '남편'은 루이 16세를 가리킨다. 이제 프랑스의 역사를 보면 바스티유 감옥에 대한 습격을 발단으로 프랑스 대혁명이 일어난 것은 1789년 7월 14일. 그해 10월 폭도는 베르사이유 궁전을 급격하여 왕의 일족을 파리로 끌고 왔는데, 이때 폭도의 한 사람은 왕의 모자에 삼색모장(三色帽章)을 달아 야유했다고 한다.

1791년 6월, 루이 16세는 일족과 함께 파리를 탈출하여 오스트리아로 도망치려다가 바렌에서 붙잡혔다.

1792년 8월 10일 파리의 민중은 츄이루리 궁전을 습격했고 왕은 일족과 함께 탑블 감옥에 갇혔다. 그런데 이 예언에 기록된 나르봉과 소오스라는 이름이 실재 인물과 완전히 부합되는 사실은 실로 불가사의하다.

루이 16세 밑의 육군대신에 루이 나르봉 백작이라는 사람이 있었는데, 루이 15세의 외손자벌이 되는 이 사나이는 간사하고 비열한 사람으로서 결국 루이 왕을 배신했고, 또 루이 왕이 오스트리아로 도망하다가 붙들린 바렌의 여관 주인의 이름이 바로 소오스였던 것이다.

18~20세기의 사건을 예언

세계의 역사는 어쩌면 노스트라다무스의 예언에 따라 전개된 듯 하다는 사람도 있을 정도로 그가 지은 《제세기》에는 세계적인 주요 사건을 지적한 예언이 많이 있다.

> 한 황제가
> 이탈리아에 가까운 곳에서 탄생한다.
> 하지만 이 황제로 하여
> 제국은 큰 손해를 입으리라.

나폴레옹이 이탈리아와 가까운 코르시카 섬에서 출생한 것은 1769년 8월 15일, 노스트라다무스가 죽은 지 2백 년 후의 일이었다.

　7년 동안은 왕의 번영하는 세상
　그는 만족(蠻族)을 그 슬하에 차지하리라.
　그러나 이내 형세는 역전한다.
　젊은 성급한 자가 그의 세력을 빼앗을 것이므로…….

　프랑스의 왕 루이 필립이 위세를 떨친 것은 1830년의 7월 혁명으로부터 1848년의 2월 혁명까지의 사이이다. 그는 알제리를 정복했다. 하지만 2월 혁명의 결과는 나폴레옹 3세가 프랑스 공화국의 대통령으로 당선되는 것으로 나타났던 것이다.
　20세기에 접어들면 세계는 두 가지의 이데올로기로 분열한다고《제세기》는 예언하고 있다. 한 쪽은 의회정치에 의한 민주주의요, 다른 쪽은 전제주의・독재주의・공산주의이다.
　또 노스트라다무스는 '독일 태생이 아닌 독일의 독재자에 의해 독일공화국이 붕괴되는 경위'를 예언했는데, 히틀러는 오스트리아 태생이었다.
　예언시는 또 '나치의 우상 숭배와 그리스도 교회와의 갈등'을 지적했고, '각국은 군비 확장에 분망하고 로마 교황은 대두하는 파시즘이나 공산주의에도 얼굴을 찌프린다'고 했다.
　"공산주의의 붉은 손길은 스페인과 프랑스를 교란한다. 그러나, 그 두목(스탈린을 가리키는 것으로 보인다)은 전 아시아와 유럽의 공산화 할 계획은 주저한다."

"1936년 스페인에 내란이 일어난다. 프랑스는 그곳에 군대를 보낸다. 혁명의 기운은 다른 나라에도 일어난다. 스페인 내란은 3년 7개월로서 끝난다."

"이 무렵 많은 가톨릭 교도, 신교도, 유태인이 사형을 당한다. 각국에는 정변(政變)이 계속되고 내각은 자주 바뀐다."

"1938년 7월 세계전쟁이 막 터질 상황을 보인다. 하지만 1940년까지는 전쟁은 일어나지 않는다."

"세계대전은 1944년까지 계속된다. 처음 영국은 중립을 지킨다. 독일은 스위스를 거쳐 프랑스로 진군한다. 스페인은 독일에 기지를 제공한다. 영국이 프랑스를 도와 전쟁에 참가하는 것은 1944년이다. 유럽 각지에 혁명이 일어나고, 리용시는 철저하게 파괴되며 시민의 재산은 전부가 약탈당한다."

"1947년 일본과 소련 사이에 전쟁이 일어난다."

이상은 20세기 중반기까지에 대한 노스트라다무스의 예언을 대충 훑어본 것인데, 그 중의 몇 가지가 적중하고 몇 가지가 빗나갔는지를 독자 여러분의 판단에 맡기기로 한다.

히틀러의 등장과 종말을 예언

노스트라다무스 예언의 해설가로서 유명한 헨리·C·로버트는 다음과 같이 예언시를 풀이하고 있다.

유럽의 서쪽 시골
어느 가난한 집에 아들이 태어난다.
그 아이는 구변으로 사람들의 마음을 사로잡는다.
그 이름은 동방의 왕국에도 떨친다.

이것은 히틀러의 탄생을 지적한 예언이겠는데, 히틀러의 출생지는 오스트리아의 브라우나이므로 유럽의 서쪽이라고는 할 수 없다.

1609년
로마 가톨릭의 신부는 연초(年初)에
회색과 검은 빛깔의 옷을 입고 나온다.
그의 앞길은 희망에 빛나고 있었다.

예언시의 연대는 미케이아 종교회의가 열린 서기 325년을 기점으로 삼고 있으므로 1609년은 1934년에 해당한다. 1933년 1월, 히틀러는 독일의 수상으로 등장했고, 그의 제3제국 건설은 1934년부터 궤도에 오르기 시작했다.

맘몬의 신을 섬기는 고승(高僧)의 말을 타라.
그는 다뉴브 강의 국경 지대를 정복한다.
그리고 10만 루블의 돈보다도
철의 역십자(逆十字)와 노예·황금·보석을 차지하려고 든다.

역십자는 나치스의 마아크, 노예·황금 따위의 말은 루마니아의 석유를 비롯한 풍부한 물적 자원과 인적(人的) 자원을 가리킨 것으로 보인다.

처음에는 프랑스로 여겼는데
어느덧 루마니아가 되었다.
바다와 육지로, 영국과 파리로 향하는 대부대의 놀라운

행동에 의하여
테크라스는 노라리스를 약탈한 끝에 폐허로 만들었다.

이것은 히틀러의 전격작전을 가리킨 것.

기만(欺瞞)으로 왕국과 군대는 빼앗긴다.
함대도 빼앗기고 거리에는 스파이가 파견된다.
두 친구는 거짓 악수를 하고
오래 잠들었던 증오를 불태운다.

로버트는 이 예언시를 독이동맹(獨伊同盟)과 파시즘의 정치 체제, 그리고 나치스의 반(反)유태주의를 가리킨 것으로 풀이하고 있다.

반(反)그리스도주의로 말미암아 3은 무(無)로 된다.
전쟁은 27년간 계속된다.
이교도(異敎徒)는 죽고 죄수는 추방되며
피와 주검으로 물은 붉어지고 대지는 축소된다.

반그리스도주의는 나치스 독일, 3은 독이일(獨伊日) 3국. 27년간은 제1차 대전이 끝난 1918년부터 제2차대전이 끝난 시기까지를 뜻하는 것이라고 한다.

그날은 비너스 근방에 이르고야 말리라.
아시아와 아프리카의 가장 거대한 것
그것들은 라인과 히스터로부터 온 것으로 불려지리라.
울부짖음과 눈물은 말타를 덮고 리큐스트 해변을 덮으

리라.

'그날'은 세계대전의 날. 비너스는 사랑과 평화를 상징하는 금성(金星), 전쟁을 상징하는 화성(火星)은 금성 가까이에 있다. '라인'은 라인강으로서 독일의 상징이고, 히스터(Hyster)는 히틀러(Hitler)의 미완성된 예지(豫知)로 보인다. '아시아와 아프리카의 가장 거대한 것'은 제2차 대전중 이 두 대륙에서 벌어진 대전쟁을 가리킨 것, '리큐스트 해변'은 이탈리아 연안을 나타내는 고아(古語)다.

> 골족(族)의 부대는 큰 원군의 도움을 받으리라.
> 거대한 넵튠이 대군대를 이끌고 온다.
> 큰 방어선을 지키기 위해 프로방스는 황폐 당하고
> 마르스는 나르는 불창과 불살(火矢)로써 나르봉을 괴멸시키리라.

'골족'은 영국·프랑스 등 유럽의 연합군. '넵튠이 대군대를'은 미국의 육·해·공 3군을 가리키는 것으로 보는 사람[일본의 고토오(五島 勉) 등]도 있고, 노르망디 상륙작전 때의 총지휘관 아이젠하워가 탑승한 순양함 넵튠호를 가리킨다고 주장하는 해설자[프랑스의 시르베스트로씨 등]도 있다.

제2차 대전 말기, 나치스군은 노르망디 해안에 강력한 방어선을 구축하고 그 배후의 프로방스 지역을 그대로 기지로 만들었다. 상륙전에서는 노르망디의 작은 도시 나르봉을 중심으로 격전이 벌어졌다.

뭇솔리니의 최후를 예고

무솔리니의 출생과 그 비참한 종말을 지적한 예언도《제세기》에는 여러 편 실려 있다.

베로나와 피렌체 땅에 위대한 인물이 난다.
그는 부끄러운 이름으로 불리고
베니스에서 복수를 꾀했으나
경관에게 체포되었다.

무솔리니는 이탈리아 북동부의 도비아에서 출생했다. 젊었을 때부터 정치 운동에 가담하여 관헌에게 체포 또는 추방당하곤 했다.

타스카니어(語)를 말하는 대사들은
4월과 5월에 알프스를 넘어 해안 지방으로 간다.
그 중의 한 사람, 송아지 같은 사나이는
프랑스의 풍습을 중상하는 연설을 했다.

타스카니어는 이탈리아어. 1938년 5월 7일 송아지 같은 사나이 무솔리니는 베를린에서 히틀러와 회견한 자리에서 프랑스를 비난하는 연설을 했다.

새 사나이가 군대를 이끌고
아파아메 근방의 강변까지 다가온다.
대공(大公)은 밀라노 정예의 응원을 얻어
그 사나이의 눈을 도려내고 쇠우리에 가두었다.

새 사나이는 뭇솔리니. 1943년 연합군이 시칠리아 섬에 상륙했을 때, 반(反)파시스트파는 뭇솔리니를 수상에서 해임시키고 감금했다. 쇠우리는 중세(中世)때 쓰인 형구(刑具)의 하나다.

> 야성의 검은 옷의 난폭자는
> 그 손을 포화와 검과 활에 의해 피로 물들인 다음
> 목과 발이 묶여 교수(絞首)당했다.
> 사람들은 그것을 보고 깜짝 놀랐다.

검은 옷은 파시스트의 상징인 검은 샤쓰. 1943년 9월 감금 중인 뭇솔리니는 독일군에게 구출되어 새 파시스트 정권을 세웠다. 그러나 1945년 봄, 독일군이 후퇴할 때 밀라노를 탈출하여 도망치다가 4월 25일 코모 호반에서 빨치산들에게 붙들려 처형되었다. 그의 시체는 손발이 묶여 거꾸로 매달렸다.

> 프랑코는 성을 나가 회의장으로 가리라.
> 대사(大使)는 만족하지 못하고 헤어진다.
> 리베라의 그들은 논쟁을 거듭하고
> 큰 항구에 들어가기를 거절당하리라.

제2차 대전이 터진 1940년, 이 예언시와 흡사한 사실이 일어났음을 기록에서 찾아볼 수 있다. 프랑코는 1936년 스페인의 정권을 잡을 때, 히틀러와 뭇솔리니의 도움을 받았었다. 하지만 프랑스의 리베라로 초청받은 프랑코는 스페인에 있는 영국 해군의 지브로올터 기지를 없애 달라는 히틀러의 요청을 완곡히 거절했다. 이 회담에 뭇솔리니는 그의 사위인 치아노 외상(外相)을 전권대사로 참석시켰다.

일본의 패전을 예언

노스트라다무스의 예언은 주로 유럽 각국에 관한 것들인데, 원자탄의 투하와 일본의 패전을 지적한 것으로 해석되는 예언시도《제세기》에 보이고 있다.

> 수년이 지나자 싸움은 프랑스에서 끝난다.
> 카스틸랴 영토의 코오스를 넘어
> 승리는 확정되지 않으나 세 거인은 관을 받는다.
> 독수리와 닭과 달과 라이온은 태양만을 그 목표로 남긴다

'카스틸랴'는 옛날의 스페인 왕국. 그 영토보다도 넓은 지역에 평화가 돌아온다는 뜻으로 풀이 된다. '세 거인'은 독일 항복 후에 많은 훈장과 찬사를 받은 스탈린·아이젠하워·드골을 가리킨 것이라고 한다. '독수리'는 미국, '닭'은 프랑스, '달'은 중국, '라이온'은 영국, '태양'은 일본을 의미한다고 한다.

> 궁형(弓型) 속에서 금은도 녹이는 광선이 번득인다.
> 포로는 서로를 먹으리라.
> 그 최대의 도시는 완전히 황폐하고
> 함대도 침몰하여 헤엄칠 수 밖에 없다.

'궁형'은 일본 열도(列島)의 모양을 가리킨 것으로 보인다. 세계 최초로 원자탄 공격을 받은 것은 일본의 히로시마(廣島)였다.

평화로운 세계에
갑자지 폭동이 일어나고
거리와 육지와 바다는 불의의 습격을 받는다.
사망자와 포로의 수는 30만에 이른다.

일본군의 진주만 공격을 지적한 예언으로 보인다. 태평양 전쟁에서의 미군 사상자 수는 35만명이라고 한다.

현대 사상을 예언

《제세기》에는 오늘날의 사회상을 비롯해서 먼 훗날에 생길 현상이나 발명품을 가리키는 예언도 많이 수록되어 있다.

대전쟁이 지나간 다음 세계는 좁아진다.
육지에는 사람이 넘친다.
사람들은 하늘과 대륙과 바다를 건너 여행한다.
그 동안에 몇 차례의 새 전쟁이 계속되리라.

이것은 오늘날의 해외여행 붐을 말한 것으로 보인다. 제트 여객기는 경이적이라고 할 만큼 세계의 거리를 좁혀 놓았다. 요즈음 심각해진 세계의 인구 문제도 노스트라다무스는 놓치지 않은 셈이다.

거대한 군대는 산너머로 돌아가리라.
마르스 대신 사튀르느가 물고기들을 뒤집어 놓는다.
샤케의 머리에도 독이 숨으리라.
하지만 그 거물은 극지(極地)에서 고리에 묶이리라.

사튀르느(Saturne)는 중세의 연금술(鍊金術)에서 '납(鉛)'·'연독(鉛毒)'을 가리키는 용어였다. 가솔린의 배기, 공장의 폐수, 중성세제 등에 들어 있는 연화 화합물에 의해 강과 바다가 오염되어 물고기가 떼죽음하는 사태가 늘어나고 있다. 샤케는 물고기, 그 머리는 여간해서 오염되지 않는 것으로 알려져 있다. 근래 북극에 가까운 해역에서 대기업들의 남획(濫獲)이 자행되고 있다.

금은(金銀) 대신 대량의 크리딧이 넘치리라.
그것은 욕망을 불러일으키고 수줍은 마음을 없앤다.
간부(姦夫)와 간부(姦婦)의 일도 널리 알려지고
수치심은 그곳에서도 사라지리라.

크리딧은 월부·신용 거래를 뜻하는 말. 오늘날 유행하는 월부 판매, 나아가서는 20세기의 경제 구조까지도 노스트라다무스는 내다보았던 것이다. 3행과 4행은 요즈음의 표현을 빌리자면 혼외 정사(婚外情事)의 범람과 성도덕의 타락을 지적한 것으로 보인다.

인류는 막대한 소비로 향한다.
그리고 거대한 모터가 시대를 일변시킨다.
비와 피와 밀크와 기근과 무기와 전염병

하늘에는 긴 불길을 뿜는 것이 날아 다니게 된다.

'긴 불길을 뿜는 것'은 로켓 비행체, '거대한 모터'는 원자력 엔진으로 해석된다. 이 예언시에 '소비'란 결코 일상적인 의미의 그것이 아니다. 석유 에너지가 전력의 낭비를 가리키는 것으로 보는 사람이 많다.

땅에 사는 물고기, 바다에 사는 물고기
그들은 세찬 불결에 기슭으로 밀려 오른다.
그 모습은 진기하고 무섭다.
이윽고 인간의 적은 바닷가의 벽으로 오리라.

일본의 고토오(五島 勉)씨는 이 시를 하천과 해수의 오염으로 인한 기형어(畸形魚)의 출현과 거침없이 폐수를 배출하는 해안지대 공장들이 빚는 공해를 지적한 것으로 해석하고 있다. 하지만 로버트 박사의 풀이에 의하면 이것은 제2차 대전 말기의 노르망디 상륙작전을 가리킨 것, 진기하고 무서운 물고기란 곧 수륙양용 탱크와 그 밖의 신식 무기를 뜻한다는 것이다.

종말의 전조(前兆)를 예언

노스트라다무스는 대개 종말의 날과 그 모습을 《제세기》에서 밝힘으로써 우리에게 결정적인 포외감(怖畏感)을 주었는데, 그는 또 종말에 앞서 일어날 징조까지도 여러 가지로 예언하고 있다.

인간이 원치 않는 괴이한 새의 소리가 들린다.
   무수히 겹친 대포 위로
   소맥(小麥)의 값은 뛰어 오르고
   사람이 사람을 먹는 시대가 오리라.

   '기이한 새'는 초음속 군용기, '겹친 대포'는 월남전 등에서 널리 쓰인 다단식(多段式) 로켓 무기 또는 다탄두(多彈頭) 미사일로 해석된다. 인류의 종말을 재촉하듯이 보이는 현대전의 양상과 식량 부족 사태를 예언한 시라 하겠다.

   얼마 동안에 채색(彩色)된 신전(神殿)이 완성된다.
   흰 빛과 검은 빛깔이 서로 섞인다.
   홍색과 황색도 그 빛깔의 순수를 유지하지 못한다.
   이리하여 피와 지진과 전염병과 기근과 홍수가 그들을 덮치리라.

   피부색이 다른 여러 종족 사이의 혼혈이 부쩍 늘어 가는 현대, 전례없는 대대적인 이 혼혈 시대의 도래가 곧 종말의 징조라는 것이다.

   해가 타우르스의 20번째에 올 때, 대지는 크게 흔들린다.
   그 거대한 극장은 일순에 폐허가 되리라.
   대기도 하늘도 땅도 어둡고 흐리며
   불신자들이 열심히 신과 성경의 이름을 부르리라.

   오늘날 거대한 극장이 없는 도시는 거의 없다. 지진학자들

의 말에 의하면, 고층 건물일수록 지진에 의한 위험이 크다
고 한다. '타우르스'는 성좌(星座)의 이름으로서 황소궁(宮)
을 뜻한다. '20년째의 날'은 5월 10일, 전문가들은 이 날을
1938년의 5월 10일로 추정하고 있다.

　　대지와 대기는 식어내린다. 큰 물도 함께
　　무서운 목요일이 올 때,
　　그리고 다시는 하늘은 개이지 않는다.
　　네 곳에서 그것은 퍼지고 그 날은 가슴에 남는 날짜가
　　되리라.

　앞에서의 대지진을 예고한 시와 함께 이것도 종말에 앞서
나타날 현상을 말한 예언으로 보인다. 실제로 최근의 세계적
인 이상 기온 현상은 심상치 않은 무엇인가를 느끼게 한다.
대기의 오염은 태양열의 흡수를 방해하는 장막 구실을 하며,
그 자체만으로도 인류를 멸망시킬 가능성은 충분한 것이다.
미국의 대기학자 W·J·험프리 박사의 계산에 의하면 대기
오염이 이대로 계속되는 경우, 21세기에 지구는 인공 빙하시
대가 닥칠 가능성이 있다.

　　머리를 풀어헤친 별이 나타날 때,
　　거대한 세 왕자가 서로 적대시한다.
　　평화는 하늘로부터 부서지고 땅은 요동하며
　　포우와 티불의 물결은 솟아 오르고 뱀들은 기슭에 놓이
　　리라.

　로버트 박사의 해석에 의하면 혜성이 지구와 충돌할 가능

성이 있음을 예언한 것이라고 한다. 1908년 시베리아 지방에 충돌한 혜성은 직경이 5백 미터 정도였는데, 원폭 1백개에 해당하는 폭발을 일으켜 순식간에 2만평방 킬로나 되는 지대를 불태워 버렸다. 만일 큰 혜성이 충돌한다면, 그 피해는 가공한 것일 수 밖에 없다.

'세 왕자'는 세 강대국. '뱀들이……'는 어떤 로켓 무기의 해안 기지를 가리키는 것이라고, 미국의 하베르크 무어는 해석하고 있다.

세계가 종말의 시기로 다가설 때,
사튀르느는 아직도 후퇴에는 멀고
제국은 검은 민족에게로 기울고
나르봉의 눈은 도려냄을 당하리라.

'사튀르느'는 연독(鉛毒), 즉 공해를 뜻하는 것이고 '제국'은 강대국. 3행째는 흑인 세력의 융흥(隆興)을 지적한 것으로 보인다. '나르봉의 눈'은 남프랑스의 대학 문에 새겨져 있는 문구로서, '프랑스의 양식(良識)'을 뜻하는 말이기도 하다. 얼마 전부터 프랑스가 세계의 여론을 무릅쓰고 수폭 실험을 강행하고 있는 것을 생각할 때 역시 심상치 않은 구절이다.

자신의 최후를 예언

《제세기》에는 노스트라다무스 자신의 죽음을 예언한 4행시가 있다.

나는 선물을 받아 들고 왕궁을 나온다.
그 이상, 나의 신변에는 아무런 일도 일어나지 않는다.
나는 하느님 곁으로 가는 것이다.
나의 벗, 나의 동포는 날이 샐 때, 침대 옆의 의자에서 숨진 나를 보리라

 1566년 7월 1일, 그는 샤를르 9세를 배알하고, 시의에 임명된 동시에 궁중 고문의 직책도 받았다. 하지만 이튿날 아침 사람들은 그가 책상에 기댄 채 죽어 있는 것을 발견했다.

2. 잠자는 예언자, 에드가 케이시
—— 20세기 최대의 예언자

소년의 기도

딕슨 부인과 더불어 20세기의 대예언가로 알려져 있는 에드가 케이시는 1945년 이 세상을 떠난 후에도 우리의 기억에 큰 자리를 차지하고 있다. '버지니어의 현자(賢者)' 또는 '잠자는 예언자'라는 별명이 있었듯이, 그는 수면중에 예언을 하는 초능력자였다.

케이시는 1877년 3월 18일 켄터키주의 남서부 크리스찬군(郡)의 농가에서 출생했다. 아버지는 판사로서 그 지방의 지주였고, 할아버지는 약간의 초능력을 지닌 농부였다고 한다.

그는 어려서부터 같은 또래와 어울려 노는 일은 드물었고 교회에 나가기를 좋아했다. 어린 케이시는 아무도 오지 않는 뒷마당 구석에서 혼자 성경을 즐겨 읽었다. 그러던 어느 날이었다. 문득 윙윙하는 소리가 울려오더니 읽고 있던 성경책에 눈부신 광선이 비치는 것이었다. 케이시는 깜짝 놀라 고개를 들자 눈부신 광선 속에 흰옷 입은 노인이 보였다.

"너의 기도를 들었다. 그래 무엇을 원하느냐?"

"친구들을 도와주고 싶어요. 병으로 고생하는 친구들을 도울 힘을 주세요."
 일곱살 먹은 어린이답지 않은 숙성한 대답이었다. 노인의 모습은 사라졌다. 이때부터 그의 눈에는 무엇인가 뿌옇게 어리는 것이 있었다. 책도 제대로 읽혀지지 않았다. 케이시가 자신의 이상(異狀) 능력을 짐작한 것은 이 무렵부터였다.
 그는 국민학교를 마치자 농장에서 일했고, 양화점에 취직했다가 나중에는 책방의 점원이 되었다. 그런데 이 점원시절에 그는 음성상실증(音聲喪失症)에 걸렸다. 벙어리가 된 것은 아니었지만 모기 소리만 하게 속삭이는 것이 고작이었다.
 그의 어머니는 레인이라는 무면허 의사에게 아들의 치료를 부탁했다. 레인은 정골요법(整骨療法)과 최면술이 능했다. 이 레인이야말로 케이시의 초능력을 처음으로 발견했던 것이다. 어떤 육감에서 케이시를 잠들게 하고 관찰하던 레인은 그의 질문에 대답하면서 케이시가 자신의 병에 대한 원인, 치료법 등을 소상하게 말하는 데 놀랐다. 물론 잠에서 깨어난 케이시는 자신이 한 말을 모르고 있었다. 이때부터 케이시는 하루에 세 번씩 잠을 잤고, 오전 10시와 오후 2시의 수면 시간은 다른 환자들을 진찰하고 치료법을 알려 주는데 쓰기 시작했다.

케이시의 초능력

 불가사의한 투시력에 의해서 진단하는 케이시의 이름은 이윽고 널리 알려지게 되었다. 1902년의 일이었다.
 그해 여름 케이시는 C·H·디트리히라는 사람한테서 장거리 전화를 받았다. 전화의 내용인즉, 다섯 살 짜리 딸아이의 병인(病因)을 알려 달라는 것이었다. 케이시는 장거리 전화로서는 자신이 없다면서 직접 디트리히가 사는 곳으로 찾아갔다. 레인이 먼저 와 있었다.
케이시는 잠을 청했다. 얼마 후 잠이 깬 케이시는 말했다.
"따님의 병은 척추의 고장 때문입니다. 3년 전에 마차에서 굴렀을 때 미저골(尾骶骨)을 다쳤습니다. 척추가 구부러져서 그 부분의 신경을 압박하고 있습니다."
레인은 곧 그 소녀의 척추를 교정했다. 3개월 후 소녀는 다시 학교에 다니게 되었다.
하지만 케이시가 유명해진 것은 단지 병에 대한 투시력이 탁월했기 때문만은 아니었다. 세계적으로 그의 이름을 높인 것은 놀라운 적중률을 보인 예언이었다. 그가 한 예언은 자그만치 1만 4천 건 이상이나 된다고 한다. 그 중에서도 인상적인 것은, 그가 죽기 5년 전인 1940년 6월 28일에 한 예언이었다. 잠에서 깨어난 케이시는 말했다.
"호세디아(아틀란티스 대륙)는 다시 해상으로 올라온다. 그것은 1968~69년의 일은 아니다. 그렇다고 해서 그다지 먼 장래의 일도 아니다."
이어서 그는 먼 옛날 지구상에 있었던 미지(未知)의 사실을 자세히 말했다.
케이시의 투시에 의하면, 지금의 북대서양을 중심으로 아틀란티스 대륙이 있었는데, 그 넓이는 오늘날의 유럽과 러시아를 합친 정도였다.
케이시의 말로는 아틀란티스에 처음 사람이 살기 시작한 것은 약 1천 5백만년 전이고 그후 20만년간 이 대륙에는 지각의 변동이 여러 차례 일어났다. 수천년 간격으로 육지가 대규모적으로 융기, 함몰하는 대변동이 거듭된 끝에 기원전 1만 1천년에 최후의 격변이 일어났다.

내가 살아가는 이유

김남석/편저 값 15,000원

세계적인 철학가 15인의 행복론과 인생론. 오늘 내가 살아가는 이유는 무엇일까. 나를 위해 살아가는 것일까. 침묵...허무...공허. 그리고 숱한 생각과 생각들. 삶에 있어 가장 중요한 것은 쾌락의 추구가 아니라 내가 존재하는 이유가 있느냐 없느냐가 아닐까? 나의 존재 이유와 삶의 의미를 되새겨본다.

21세기 인간경영

마쓰모토 쥰/ 후나이 유끼오 공저

시대를 앞서가는 경영을 하고 싶은가? 그렇다면 먼저 인간경영을 하라. 일본내 1,500개사 경영고문을 맡으며 30년간 100% 경영실적을 성공시킨 세계적인 경영컨설턴트의 성공노하우. 그가 관여하는 곳마다 성공하는 바람에 세계적인 대기업들이 앞다투어 그의 경영노하우를 배우려 하고 있다. 값 15,000원

허튼소리 (1. 2권)

걸레스님 중광/저

21세기 최대의 기인! 반은 미친듯 반은 성한듯이 세상을 걸림없이 살다간 한 마리 잡놈 걸레스님! 중 사시오! 내 중을 사시오! 그는 진정한 성자인가? 예술가인가? 파계승인가? 아니면 인간 중퇴자인가?

값 15,000원

업(전9권)

지자경/안동민/차길진 공저

값 15,000원

세계적인 영능력자 지자경, 안동민, 차길진이 밝히는 영혼과 4차원세계의 전모! 나의 전생은 무엇이며, 전생에 지은 죄는 어떻게 소멸할 것인가? 저승세계는 어디쯤 있을까? 저 광대한 우주 공간의 어디쯤에 천당과 지옥은 있는가? 그리고 어떻게 살다가 갈 것인가?에 대한 명쾌한 해답을 내리고 있다.

영혼과 전생이야기 (전3권)

안동민 편저

당신의 전생은 누구인가? 사후에는 무엇으로 환생할 것인가? 사람이 죽으면 어떻게 되는가? 이승과 저승은 어떻게 다른가? 전생을 볼 수 있는 원리는 무엇인가? 사람은 왜 병들게 되는가? 운명은 누구나 정해져 있는가? 이 영원한 수수께끼에 대한 명쾌한 해답!

값 13,500원

영능력과 퇴마 최고 권위자 정인스님이 본 베일속의 저승세계

어쩌게 저승은 어드메이고

출간즉시 베스트셀러

법력으로 영혼의 세계를 자유로이 넘나들며 빙의(귀신씌움), 우울증 등으로 고통속에서 헤매는 분들에게 새 삶을 찾아주고 계신 정인스님이 공개하는 저승의 구조와 저승의 법칙

이런 사람들은 지금 운명을 바꿔라

- 빙의나 우울증으로 고통받는 분
- 주벽, 도벽, 정신분열증이 있는 분
- 역마살이 끼었다고 생각되시는 분
- 자살자가 많은 집안
- 밤마다 악령에 시달리는 분
- 형제간에 불화와 반목이 계속되는 분
- 원인모를 병에 시달리는 분
- 돈에 허덕이거나 사업이 부진한 분

[스님과의 만남]
책속의 대화신청서를 작성하셔서 우송하시면 스님과 만나실 수 있습니다.
문의 : 02)2253-5292

값 15,000원

서음미디어 Tel. (02)2253-5292 Fax. (02)2253-5295 ■ 전국유명서점 및 인터넷 교보문고/영풍문고/알라딘/인터파크/예스이십사 공급중

초능력과 영능력개발법 (전3권)
모도야마 히로시/ 저 안동민/ 편저

예수 그리스도와 석가, 노스트라담스 그들은 모두 영능력자였다. 영능력은 특별한 사람에게만 주어진 것은 아니다. 누구나 영능력은 개발할 수 있는 것이다. 영능력의 존재를 알고 수천 년 동안 전해 내려온 초능력과 영능력자가 되는 비법을 익히면 당신도 초능력자와 영능력자가 될 수 있다.

값 13,500원

미스테리아
김영수/저

한반도 통일 프로젝트 - 통일수도는 강화도

세계적인 영능력자 차길진법사의 기적과 예언-그 스토리! 박정희대통령 죽음/ 노무현대통령 당선/ 서해교전/ 박근혜대통령 피습사건/ 김정일 사망 예언적중/ 미9.11테러 희생자 진혼제 집전으로 유명한 차법사가 모델이다. 독자들에겐 소설이겠지만 필자로선 다큐멘터리다.

값 15,000원

나는 영계를 보고왔다
임마뉴엘 스웨덴 보그/ 저

신비주의자 중 신비주의자 스웨덴 보그의 대표적인 저서. 영혼의 세계는 과연 어떤 곳인가? 생명은 육체가 죽은 순간에 그 모습을 바꿀 것이다. 따라서 인간의 인격은 육체가 죽은 후에도 남아 있으므로 그 남아있는 인격과 의사를 교환하는 일은 불가능한 것은 아니다. 스웨덴 보그는 자신의 죽는 날을 예언했었는데, 정확히 그날 죽었다.

값 15,000원

지질학자들은 지구의 발생을 약 50억년 전으로 추정하고 있다. 그리고 오늘날까지 몇번이나 엄청난 변동을 해 왔다는 것이다. 어떤 시대에는 바다였던 곳이 다음 시대에는 큰 도시였고, 다음에는 다시 물에 잠기는 식의 지각 변동이 거듭되었다. 동시에 그 지역에 사는 사람들에게도 많은 변화가 있었다. 우수한 인종이 지각의 변동과 함께 당장에 열등한 민족으로 변하기도 하고, 지상에서 아주 모습을 감춘 인종도 있었던 것이다.

고도의 고대문화

아틀란티스 대륙의 이야기는 그동안 하나의 전설로 되어 왔는데, 이 부문의 연구에서 최고 권위로 알려진 영국의 에저어튼 사이크스는 1965년 미국을 방문했을 때, 고대에 지구를 휩쓸었다는 홍수 전설에 관한 강연에서 다음과 같은 말을 했다.

"아메리카 대륙을 엄습한 대홍수는 수많은 인명을 삼키고 또 여러 지역을 늪으로 만들었다. 이때 살아 남은 인디언들은 얼마 안되는데, 그들은 언젠가는 동방에서 구세주가 나타나서 망가진 땅과 행복한 날을 되찾아 주리라는 것을 믿고 있었다."

고대의 대홍수가 《구약성서》에는 '노아의 홍수'로 기록되어 있는데, 《충돌하는 우주》라는 저서가 있는 임마누엘 베리코프스키의 주장에 의하면 한번 뿐이 아니고 여러 차례 지구 위를 휩쓸었다고 한다.

이 홍수 전설은 미국을 비롯해서 중국·그리이스·남태평양 지역·남미대륙 등 여러 지역에 남아 있는데, 그 원주민들의 종교·풍습에 서로 닮은 데가 많이 보이는 것은 예전에 그들의 조상이 한 대륙에 살고 있었음을 말하는 것인지도 모른다.

1870년 대서양 횡단의 해저 전선을 놓기 위해 바다 밑의 지질을 조사했을 때, 해저 산맥은 모두 용암(熔岩)으로 덮여 있음이 밝혀졌다. 학자들의 연구에 의하면 약 1만 5천년 전에 대서양을 남북으로 뻗은 화산맥의 대폭발이 있었다는 것이다.

한편 고고학자(考古學者)들은 오늘날 멕시코 시(市) 부근에서 발견된 많은 피라밋이 이집트의 것보다는 더 오래된 것이라고 지적하고, 그 부근의 용암은 약 8천년 전의 화산 폭발을 말해 준다는 견해를 밝히고 있다. 중앙 아메리카와 이집트가 예전에는 한 대륙이었던 것이 지각 변동으로 분리되었다고 볼 수도 있는 일이다.

소크라테스는 기원전 590년경 이집트에서 그곳의 신관(神官)으로부터 다음과 같은 이야기를 들었다.

"옛날 이 지역에는 무서운 지변(地變)이 일어나 많은 사람이 죽고 모든 거리는 폐허가 있었습니다. 무서운 대홍수가 몇 차례나 일어났습니다. 현명하고 고귀한 민족이 살고 있었는데 그때 거의 전멸당하고 말았답니다."

아틀란티스 대륙에 관한 저서에 플라톤이 그런 이야기를 전하고 있다. 이 멸망한 아틀란티스인(人)에 대하여 케이시가 투시한 내용은 다음과 같다.

번영의 절정에 있을 무렵, 아틀란티스인들이 동쪽으로는 아시아, 서쪽으로는 지금의 미시시피강 유역까지 세력을 뻗고 지혜와 고도의 문화를 자랑하고 있었다. 하지만 대홍수가 휩쓴 후에는 총명을 잃고 열등한 인종으로 일변했다.

문화의 전성기에 그들은 가스를 이용한 기구(氣球) 등 갖가지 발명을 했고, 전기도 쓰고 있었다. 래디오도 텔리비전도 있었다.
 나중에는 공기로 발전하는 장치도 발명했고, 공중 사진(空中寫眞 : 어떤 것이었는지는 알 수 없지만)도 있었다. 비행기는 공중을 날다가 그대로 물 속으로도 달리는 수륙 양용식이었다.
 오늘날의 과학보다 훨씬 발달된 아틀란티스인의 문명을 케이시는 보았던 것이다.

아틀란티스의 대결정체(大結晶體)

 그들은 태양 에너지를 마음대로 이용할 수 있는 큰 결정체를 발명했다. 이것은 본래 신탁(神託)을 인간에게 전하는 일종의 송화기(送話機)로 쓰였던 것인데, 아틀란티스인은 이를 개량하여 인체를 개조하는 기구로 썼다. 그리하여 그들은 젊음을 수백년 동안씩 즐겼다. 그런데 이 '대결정체'는 자칫 잘못 다루면 지구의 화산 활동을 유도하는 무서운 악마로 돌변한다. 오늘날의 핵무기보다 더 무서운 것이었다.
 케이시는 기원전 1만 5천년 경에 누군가가 '대결정체' 조작에 실수를 저질렀으며, 그 결과 대륙은 다섯개의 섬으로 갈라졌는데, 그 중의 비교적 큰 것의 하나가 호세디아로 불리었다고 한다.
 대륙은 다섯개의 섬으로 갈라진 지 3천 4백년 쯤 지났을 때 아주 바닷속으로 사라졌고, 이와 교체하듯 이집트와 그리이스가 유럽에서, 잉카가 남미에서 각각 두각을 나타내게 되었다는 것이다.

케이시의 설명에 의하면, 아틀란티스가 대서양에서 번영할 무렵 태평양에는 더 오래된 대륙 레무리아가 있었는데, 아틀란티스가 함몰한 때를 전후해서 이 대륙도 바닷속으로 가라앉았던 것이다.

그런데 여기서 또 하나 주목할 것은 당시의 지구 위도에 대한 케이시의 말이다. 즉, 1만 5천년 전의 지구는 그 지축(地軸)이 현재와는 90도 기울어져 있었고, 지금의 극한 지대가 당시는 뜨거운 열대였다는 것이다. 사하라와 고비의 두 사막은 낙원 같은 비옥한 땅이었다고 한다. 이 점은 고대의 지구를 연구하는 학자들도 같은 견해이다. 한편, 기원 7천년에는 지금의 고비 사막이 바다가 된다고 노스트라다무스는 그의《제세기(諸世紀)》속에서 예언하고 있다.

케이시는 또 말하기를 당시의 아메리카 대륙은 대부분 바다였으며, 시베리아도 우랄 산맥도 열대의 한복판이었고, 나일 강물은 직접 대서양으로 흘러들었다고 한다. 그리고《구약성서》에서 말하는 '에덴의 낙원'은 지금의 이란에 있었을 것이라고 한다.

지각의 변화에 관한 케이시의 이 같은 투시 50건 중에서 20건은 이미 지질학자들이 밝힌 주장과 일치하고 있다. 앞으로 어느 정도까지가 과학적으로 인정될런지는 두고 볼 일이다.

아틀란티스 재현의 징조

케이시는 장차 지구상에 있을 지각의 변동에 대한 예언을 여러 차례 거듭했다. 그것은 거의 아트란티스 대륙의 재현에 관한 것이다.

그 대륙의 일각은 먼저 플로리다 남동 쪽의 해면에 모습을 드러낼 것이며, 그 시기는 1967년이라고 했다. 하지만 그해 그 해면에는 아무런 이상도 나타나지 않았다. 시기에 대한 투시가 오차(誤差)를 만든 것인지도 모른다.

케이시는 죽기 전에 다음과 같은 말도 했다.

"지금의 극지대는 다시 예전의 위치를 찾게 될 것이다. 차츰 따뜻해지다가 마침내는 열대로 바뀐다.……"

이 기후의 변동은 아마도 40년 후에 나타나기 시작할 것이라고 했다.

변화는 남태평양에서 먼저 일어나서 지중해에 미치며, 그 결과 이탈리아의 베스비우스 화산이 폭발한다. 이것은 이어서 서인도 군도에 있는 펠리 화산의 폭발을 유도한다. 펠리 화산은 1902년에 폭발하여 3만 명의 희생자를 낸 일이 있다.

이와 같이 지각의 변동은 지구상의 여러 지역에서 일어나며, 미국의 서부와 뉴욕 주와 동부 일본, 유럽 북부, 북극과 남극 지역이 무서운 재해를 입을 것이라고 한다. 그리고 동시에 대서양과 태평양 바닥에 가라앉은 예전의 육지가 서서히 올라오고, 지금의 육지는 반대로 물 속에 가라앉게 되는데, 그 시기는 1958년에서 2001년에 이르는 약 40년간이며 이 변동의 앞장을 서는 것은 지진이라고 케이시는 말했다. 그러고 보면 1958년 경부터 세계적으로 큰 지진이 부쩍 잦아지고 있다.

한편 기상학자·해양학자·지질학자들 중에는 1960년 경부터 지구온난설(地球溫暖說)을 주장하는 사람이 많아졌다. 남극 지대의 육빙(陸氷)이 해마다 녹아 버리기 시작했다는 것이다. 각국의 관측대는 구역을 분담하여 얼음 두께와 그 밑의 지형 등을 조사하고 있는데 2천 미터의 두께를 가진 남극의 얼음이 전부 녹는 날에는 지구상의 해면은 10미터나 높아지고 따라서 해안 지대의 도시는 대부분 물에 잠기게 될 것이다. 케이시는 이런 사실을 1932년대에 이미 예언했다. 그는 지구의 양극에 있어서의 해빙(解氷)을 지적했던 것이다.

지구의 대변동

케에시는 1936년 이후에 발생하는 지각 변동은 그 원인이 먼 과거에 있다고 설명했다. 이를테면 1811~12년 테네시 주에 일어난 여러 차례의 지진은 켄터키 주와의 경계에 길이 290킬로의 길쭉한 리일푸트 호수를 만들어 놓았는데, 이 지진의 유인(誘因)은 56년 전인 1755년 포르투갈의 리스본에 있었던 대지진이라는 것이다. 리스본 지진 때는 해일(海溢)로 6만명 이상의 인명이 희생되었다.

이 지각의 변동은 인도에도 나타났다. 1897년 이후의 대지진 그것으로 뱅골 주와 앗삼 주에는 이때의 지진으로 30개의 새로운 호수가 생겼다. 이러한 지진은 모두 지구 내부에 연해 있는 지진대(地震帶)에 그 진원(震源)이 있다. 지구 전면에 걸쳐 앞으로 일어날 지각변동을 케이시는 다음과 같이 내다보았다.

남태평양—변동에 앞서 남해의 해면이 상하로 크게 요동한다. 동시에 지중해의 시칠리아 섬에 지진이 일어난다.

대서양—아틀란티스가 존재했던 것으로 보이는 바다에 육지가 나타난다. 옛 대륙 중의 포세디아가 먼저 올라온다. 그것은 별로 멀지 않은 장래의 일이다.

태평양—여기저기 많은 육지가 올라온다. 동시에 일본

은 바다 밑으로 침몰한다.
 유럽──제2차 대전 때의 격전지는 바다로 바뀐다.
 북아메리카──전역에 걸쳐 무서운 변화가 일어난다. 가장 심한 변화는 북대서양에 연한 지역이지만, 서해안과 중부에도 육지의 함몰이 잇달아 일어난다.
 남극과 북극 지방──해저와 육지가 융기하고 화산이 폭발한다. 극지의 기온이 차츰 높아진다.
 이리하여 지구 표면은 모습이 아주 달라진다. 그린란드의 북부는 바다에 잠기고, 카리브해(海)에는 건조한 육지가 나다닌다. 남아메리카 대륙은 남극 대륙과 거의 잇닿은 상태가 된다.
 이제 케이시가 죽은 후에 나타난 큰 지변(地變)을 살펴보자.
 1947년 3월 19일 아이슬란드의 헤크라 화산이 분화하기 시작했다.
 1959년 아졸레스 군도의 화야르 섬에 지진이 발생하고 화산이 폭발했다.
 1960년 시칠리아 섬의 에트너 화산이 폭발했다. 이 폭발에 이어서 그리이스의 해안 지대는 융기 현상을 보였다. 아테네에서는 해면이 약 1미터 내려갔다. 지질학자나 해양학자는 이 현상의 원인은 알 길이 없다고 한다.
 1967년 12월, 남극 대륙의 사우드 셰틀란드 열도의 화산이 폭발했다. 이 섬에서 분화가 일어난 것은 120년만이 일이었고, 아무도 이 화산 폭발을 예상하지 못했었다.
 하지만 케이시는 이와 같은 일을 그의 생전에 일일이 예언했던 것이다.

3. 케네디의 죽음을 예언한 딕슨 부인

수정구(水晶球)를 응시하는 여성

　미국의 워싱턴 시에는 각국의 외교관들이 대통령을 만나기보다도 더 만나보고 싶어하는 인물이 살고 있다. 그 이름은 진 딕슨이란 여성이다.
　무엇이 그녀를 그토록 유명하게 만들었을까. 그것은 이 여성이 보이는 놀라운 특기 때문이었다. 딕슨 부인은 부동산 매매업이 본업인데, 어느덧 그녀는 기막하게 앞 일을 내다보는 상업 상담자(商業相談者)로 널리 알려지게 되었다. 이런 실화가 있다.
　"딕슨 부인, 부인은 거래하는 것마다 큰 수익을 올리는데, 무슨 비결이라도 있습니까?"
　"킴볼씨, 선생은 얼마 전에 남미에서 악어 가죽을 수입했군요."
　양화점 주인 킴볼은 눈이 휘둥그레졌다. 악어 가죽의 수입은 비밀로 하여 가족에게도 알리지 않고 있었던 것이다.
　"한 달 후에는 악어 가죽의 시세가 뜁니다. 선생은 큰 재미를 보게 됩니다."
　이 말을 들은 킴볼은 궁리 끝에 악어 가죽으로 손가방을 만들어 두었다. 완성된 가방은 6개, 킴볼은 때를 기다렸다.
 한 달이 지나자 과연 악어 가죽의 시세가 올라갔다. 동양 지역으로부터 주문이 쇄도했기 때문이었다. 킴볼은 진열장에 악어 가죽 가방을 내놓았다. 엄청난 가격표를 붙였음은 물론이다. 며칠 안 가서 킴볼의 호화판 손가방은 동이나고 말았다.
 이 소식을 들은 사람들은 앞을 다투어 딕슨 부인을 찾아왔다. 상업 상담뿐이 아니었다. 갖가지 신상 문제, 범인의 추정, 불의의 사고와 예측 등, 요청받는 예언의 내용은 다양해졌다.
 딕슨 부인은 어떤 환상을 본 데서 미래의 일을 예언하기도 하지만 요청을 받아서 특정한 일을 예단(預斷)할 때는 그녀의 수정구를 응시하는 것이다.
 딕슨 부인의 양친은 독일계(系) 이민으로서 다같이 아주 건실한 실천가였다. 부친은 미국으로 건너오자 위스컨신 주에서 목재 벌채업으로 적지 않은 재산을 모은 다음, 캘리포니아로 이사했다. 하지만 이 부친을 비롯해서 딕슨 부인의 부계(父系)나 모계에 투시(透視)나 예견 따위의 초능력을 보인 사람은 아무도 없었다. 다섯 명이나 되는 오빠들도 모두 정상적이었다. 유독 딕슨 부인 혼자만이 특수한 능력을 타고난 것이었다.
 진[소녀 시절의 딕슨 부인]은 가족들을 따라 포장마차로 산타로오자 교외에 있는 집시의 여자 점장이를 찾아간 일이 있었다. 여자 점장이는 진의 눈동자를 유심히 들여다보더니 흠칫 놀란 표정으로 자리에서 일어났다. 이 늙은 집시 여인은 테이블 위에 놓인 수정구(水晶球)를 집어 진에게 들려 주면서 이렇게 말하는 것이었다.

"아가씨는 아주 놀라운 능력을 타고나셨습니다. 이것은 아가씨가 가져 가십시요. 사람들을 돕게 될 것입니다."

루우즈벨트 대통령의 죽음을 예언

딕슨 부인의 명성이 각국의 지도자층에 크게 주목받게 된 것은 그녀가 예언한 세계적 명사가 예언대로의 운명을 마지했기 때문이었다.

1944년 제2차 대전이 바야흐로 마지막 단계에 접어들 무렵, 딕슨 부인은 대통령의 초대를 받았다. 백악관에 들어선 부인을 루우즈벨트 대통령은 서재에서 맞아들였다. 대통령은 자신의 장래에 대한 딕슨 부인의 예언을 듣고 싶었던 것이다.

"이 전쟁은 조만간 끝나겠지만 언제 쯤이면 영원한 평화가 올런지요?"

한동안의 침묵 끝에 대통령이 말했다.

"글쎄올시다. 소련에게 미국이 그들의 적이 아님을 이해시킨다면 소련과의 트러블은 훨씬 줄어들 것으로 보입니다."

부인의 얼굴은 여기서 엄숙한 표정으로 바뀌었다.

"은빛 둥근 것이 우주 속으로 날아가는 것이 보입니다. 동쪽에서 같은 것이 또 나타났습니다.……아마도 인공위성을 최초로 궤도에 올리는 것은 소련인듯 합니다. 앗, 그 둥근 것이 비둘기로 변했습니다.…… 비둘기는 대머리 독수리를 발톱으로 짚고 있습니다.…… 하지만 피는 보이지 않습니다.…… 비둘기는 동쪽을 보고 있습니다.…… 이것은 소련이 장차 평화 정책을 취하리라는 뜻이겠습니다.……"

부인의 말은 그것으로 끝났다. 대통령도 배석한 사람들도 다같이 아무 말이 없었다. 이윽고 대통령이 문득 미소를 지었다.
"그 점은, 영감이랄까 내 머리에도 떠오르는 것이 있습니다. 소련은 결코 미국에다 폭탄을 떨어뜨리지는 않을 것이오. 소련보다도 문제인 것은……"
"중국이라는 말씀이시죠?"
딕슨 부인이 말을 받았다. 대통령은 고개를 끄덕였다. 그리고는 혼자말처럼 이렇게 말했다.
"마음먹은 계획을 생애 중에 완성한다는 것은 매우 귀중한 일이오. 하지만 완성할 때까지 살지 못하는 것이 사람의 운명인 듯하오."
딕슨 부인의 눈빛이 다시 긴장했다. 망설이던 대통령은 드디어 그날의 문제를 내놓았다.
"말해 주시오. 내가 일을 완성하는 데는 앞으로 몇 년이나 걸리겠오?"
딕슨 부인은 조용히 정신을 통일하고 있었다.
"큰 진동이 느껴집니다. 이 세계와 맞먹을 큰 진동입니다. 가능하시다면 빨리 모든 일을 처리하시는 게 좋을 것입니다."
"좀더 구체적으로 말해 주시오."
대통령은 미소로 그의 마음을 가리는 것이었으나, 딕슨 부인의 대답은 냉엄할 정도로 분명했다.
"내년 중간을 넘기지 못합니다."
대통령은 부인의 예언대로 이듬해인 1945년 4월 12일 갑자기 세상을 떠났다.

함마슐트 총장의 죽음을 예언

1961년 9월 18일 〈뉴욕 데일리 뉴우스지(紙)〉의 특파원 레스 스테안은 안전신탁 회사의 부사장 니콜슨씨를 방문하고 있었다.

"부사장께선 딕슨 부인을 아십니까?"

스테안이 이렇게 물었을 때 래디오는 함마슐트 유엔 사무총장의 사고사(事故死)를 특별 뉴우스로 방송했던 것이다. 아프리카 방문길에서 비행기가 추락했다는 것이었다.

뜻밖의 소식에 큰 충격을 받은 탓인지 니콜슨씨의 안색은 하얗게 질린 채 입술이 떨리고 있었다.

"바로 이 사건입니다. 나는 이 일을 딕슨 부인한테서 미리 들었습니다."

스테안은 담배를 새로 붙여 물었다. 니콜슨씨는 스테안을 뚫어지게 바라보았다.

"사무총장의 조난을 딕슨 부인이 예언했었단 말이오?"

"함마슐트씨가 타는 비행기에 함께 타서는 안 된다고 충고해 주었습니다. 나는 함께 갈 예정이었던 것입니다."

"그것은 언제 일이었오?"

"2주 전입니다."

"그 이유를 말해 주던가요?"

"병이난다고 했습니다. 무서운 병에 걸리기를 원치 않으면 비행기를 타지 말라고 말하더군요."

니콜슨씨도 후유하고 한숨을 내쉬었다.

"다행이었군요."

대법관의 심장 발작을 예언

딕슨 부인이 미국 연방최고재판소의 대법관 프랑크 머어피씨의 죽음을 예언했을 때, 그 본인은 고향인 미시건에서 1주일도 남지 않은 그의 은밀한 결혼날짜를 기다리고 있었다.

딕슨 부인의 예언은 워싱턴의 어느 만찬회 석상에서 대법관의 여비서 바움마드너 양에게 한 것이었다. 우연히 만난 여비서의 손을 잡고 부인은 동정하는 어조로 말했다.

"당신은 새 직장을 얻을 것입니다. 그리고 새 집을요. 당신의 가까운 사람, 연상(年上)의 남자가 곧 죽을 것입니다."

"무슨 말씀이신지? 저는 지금의 직장과 아파트를 옮길 생각이 전혀 없습니다. 그리고 제가 아는 연상의 남자는 다들 건강합니다."

"글쎄요. 아무 일도 없었으면 다행이겠습니다만……"

딕슨 부인은 조용히 다른 자리로 돌아갔다. 그때 문득 바움가드너 양의 가슴에 스치는 예감 비슷한 것이 있었다.

"혹시 머어피 대법관님의 일이 아닐까?"

하지만 다음 순간 그녀는 고개를 흔들었다.

"그럴리가 없다. 그 분은 약혼녀와 함께 데트로이트로 떠난 것이 어제다. 결혼식 준비가 한창인 그 분이 설마……"

그날 만찬회가 끝날 무렵, 보이가 한 장의 전보를 바움가드너에게 전했다. 발신지는 데트로이트.

"머어피씨 심장 발작으로 별세."

머어피 대법관의 죽음으로 바움가드너의 신변에는 일대 변화가 일어났다. 그녀는 최고재판소에서 퇴직하고 아들이 있는 존타운으로 이사를 했다. 딕슨 부인의 예언이 완전히 적중했던 것이다.

말렌코프의 실각을 예언

스탈린이 죽고 그의 후임으로 말렌코프가 소련 수상에 취임한 지 얼마 안된 무렵의 일이었다. 미국의 내셔널 텔레비전에서 딕슨 부인은 전 주소(駐蘇) 미국대사 죠냅 데비씨를 상대로 '수정구 응시'의 실험을 공개하고 있었다.

"말렌코프는 언제까지 수상 자리에 있을 것 같습니까?"

데비씨의 질문을 받은 딕슨 부인은 잠자코 수정구를 응시하고 있었다.

"2년 이내입니다. 그후 말렌코프는 다른 조그만 일자리로 옮겨집니다."

"다른 일자리로요? 부인! 소련의 수상 자리에 있던 사람이 다른 일자리로 강등되다니, 그런 전례는 없습니다."

데비씨의 목소리는 한결 높아졌다.

"스탈린처럼 병들어 죽거나, 아니면 총살당하게 마련입니다."

하지만 부인은 굽히지 않았다.

"물론 선생께선 나보다 몇 배나 자세히 소련의 사정을 아실 것입니다. 그러나 내 눈에는 말렌코프가 다른 일자리로 옮겨지는 것이 분명하게 보입니다."

부인은 수정구를 응시하면서 말을 계속했다.

"그리고 후임으로 등장하는 인물도 보입니다. 다부진 체격의 군인입니다. 머리는 곱슬곱슬하고 눈동자는 녹색, 염소수염이 보입니다."

데비씨는 비웃듯이 말했다.

"나는 소련에서 오래 지냈지만 그런 모습의 인물을 본 일은 없습니다."

케네디 대통령이 죽는다!

1963년 11월 초, 그러니까 케네디 대통령이 암살당하기 약 3주일 전의 일이었다. 해리 코오트라는 워싱턴 사교계의 여류 명사와 점심을 함께 먹고 있던 딕슨 부인은 문득 놀란듯이 외쳤다.

"앗, 저 분이 저격당합니다!"

딕슨 부인의 얼굴은 핏기를 잃고 있었다. 너무나 뜻밖의 일이라 코오트 부인은 그저 어안이 벙벙할 따름이었다.

"저 분이라니 누구말이죠?"

"대통령, 케네디 대통령이 살해당합니다!"

〈런던 이브닝 뉴우스지(紙)〉의 워싱턴 주재 기자 존 고올드도 딕슨 부인이 달라스의 참사가 일어나기 2~3주 전에 여러 명사들에게 장차 백악관에 비극이 일어난다는 예언을 거듭했었다는 말을 들었다고 한다. 그러나 사람들은 그 비극이 어떤 내용의 것인지는 모르고 있었다.

그런데 예비역 해군 장교로서 백악관의 밴드 마스터를 하고 있던 차알스 텐더라는 사람은 암살이 있기 전의 화요일에 딕슨 부인과 식사를 함께 나누는 자리에서 저격의 예언을 들었다고 한다.

"백악관 뒤에 자욱히 덮인 먹구름이 보입니다.……"

딕슨 부인은 대통령 일가와 가까이 지내는 사람들에게 이런 말로 경고를 전해 주도록 부탁했었다고 한다.

문제의 22일(금요일) 아침, 딕슨 부인은 친구들과 식당으로 들어갔을 때 갑자기 또 외쳤다.

"오늘이 바로 그날이여요!"

"그날이라니?"

"암살이 일어나요. 바로 오늘!"
그날 정오가 조금 지났을 때 달라스에서 케네디 대통령은 폭한에게 저격당해 목숨을 거두었던 것이다.

케네디가(家)의 비극은 끝나지 않았다!

1964년 6월 19일 아침, 대통령 관저의 고급 사무관 월터 스토크씨의 부인과 전화로 이야기한 딕슨 부인은 이런 말을 덧붙였다.
"케네디가(家)의 비극은 아직 끝나지 않았군요."
이튿날 아침 신문을 펴 본 스토크 부인은 깜짝 놀랐다. 제1면에 큰 활자로 다음과 같은 기사가 실려 있었다.
〈상원의원 에드워드 케네디씨는 어젯밤 매사츄세츠 주의 새잔프튼 상공을 자가용 비행기로 비행중 과수원에 추락, 척추골절(骨折)의 중상을 입었다.〉
하지만 케네디 일가의 비극은 아직도 끝난 것이 아니었다. 그로부터 4년이 지난 1968년 5월 29일, 대통령 선거전을 위해 로스앤젤리스로 향한 로버트 케네디는 1주일 후 앰버서더 호텔에서 아랍계(系) 젊은이의 총탄에 쓰러지고 말았다.

딕슨 부인의 미래에 대한 예언

1971년 딕슨 부인은 다음과 같이 예언했다.
"미국은 중공과의 국교를 개선하고 서로 접근한다."
닉슨 대통령의 대중공(對中共) 정책에 극적인 전환이 나타난 데는 딕슨 부인의 이 같은 예언이 결정적인 영향을 미쳤다는 풍문이 나돌 정도로 그녀는 1972년에 실현된 미국의 대중공 접근을 미리 알아맞혔던 것이다.
 그녀는 또 2년 후인 1973년에 터진 스캔들〈워터게이트 사건〉에 대해서도 이때 예언한 바 있다.
 "나에게는 지금 미국을 흔드는 엄청난 스캔들이 보입니다. 아마도 수천 명의 인사가 이 사건에 휘말려 들 것입니다."
 딕슨 부인은 1975년 이후의 미래에 대하여 다음과 같은 예언을 발표했다.
 1975년 —— 미국에 국내적인 동란이 1년간 계속된다. 파업과 대규모 시위가 일어나며, 이것은 남아시아와 남미, 아프리카에까지 파급된다.
 1976년 —— 미국 정부는 큰 정변(政變)을 치른다.
 1977년 —— 소련의 외교 활동이 활발해지며 세계 각지에 세력을 뻗는다.
 1978년 —— 미국에 인플레 시대가 도래한다.
 1979년 —— 소련이 중근동(中近東) 문제에 본격적으로 개입하고, 이스라엘이 주변 국가들로부터 공격을 받는다.
 1980년 —— 세계적 규모의 대지진 재해(災害)가 일어날 가능성이 많다.

4. 시카고의 예언자 휴우즈 부인

미모의 투시능력자

현재 미국의 시카고에는 놀라운 투시 능력으로 인기를 모으고 있는 미모의 중년 부인이 있다. 아이린 휴우즈가 바로 그녀이다. 그녀가 오늘날과 같은 인기를 차지하게 된 것은 그녀의 예언이 90%에 이르는 적중률을 보여 왔기 때문임은 물론이다. 즉,

① 상원의원 에드워드 케네디의 비행기 추락 사고를 5주 전에 예언한 일.

② 월맹(越盟)의 대통령 호치민의 사망을 9개월 전에 예언한 일.

③ 필리핀의 지진, 켄터기주의 대규모 돌풍, 시카고의 폭풍설(暴風雪)을 모두 미리 예언한 일.

④ 이스라엘과 아랍 사이에 1967년 여름 전쟁이 일어난다는 것을 예언한 일.

⑤ 로버트 케네디 상원의원의 암살을 6개월 전에 예언한 일.

⑥ 1967년 11월 9~11일 컨터키와 테네시주 경계에 일어난 지변을 예언한 일.

그녀는 매년 약 70건에 이르는 예언을 하고 있는데 빗나가는 일은 매우 드물다고 한다.

그녀가 미래에 일어날 일을 미리 투시하는 자신의 능력을 자각한 것은 4세 때였다고 한다. 그러나 그녀는 주로 주변의 일상적인 일에만 흥미를 가지고, 가출(家出)한 이웃 자녀의 행방이나 분실물의 소재 따위를 투시하는 데 그치고 있었다. 그러던 것이 1967년 1월과 2월에 세 번에 걸쳐 시카고를 엄습한 폭풍설을 예언하고 그 날짜를 정확히 지적한 뒤부터는 국가적인 사건의 예언을 요청받는 일이 부쩍 많아지고, 동시에 세계적으로 이름이 알려지게 된 것이다.

1967년 6월, 미국의 ESP(超感覺的知覺) 부문의 대가인 브릿드 스타이거씨는 캐나다의 방송관계 기자인 로버트 커밍그스와 함께 아이린 휴우즈의 사무실을 방문했다. 스타이거씨와 휴우즈 부인이 대담하는 텔레비전 프로에 관한 의논을 하기 위해서였다.

그런데 용건이 끝나자 그녀는 문득 이런 말을 했다.

"로버트씨, 또 새 차를 사셨군요."

로버트는 그렇다고 했다.

"새 차는 녹색이죠?"

"그렇습니다."

"헌데 그 차에는 앞 부분에 흠집이 있군요. 어디 부딪혔던 모양이죠? 차고를 넓히지 않으면 또 부딪치겠어요."

"고맙습니다. 곧 넓히겠습니다."

"차에 수리 도구를 준비해 두지 않았었군요."

"도구 상자를 새 차에 옮긴다는 것을 깜박 잊었었습니다."

그러자 휴우즈 부인이 웃음을 터뜨렸다.

"새 차의 잿떨이에는 웬 땅콩 껍질이 그렇게 많지요?"

휴우즈 부인의 머리 속에는 커밍그스의 자동차 내부가 영화를 보듯이 자세히 보이는 모양이었다.

적중한 예언들

1968년 1월 29일 휴우즈 부인은 시카고의 골든 파스 예배당에서 ESP에 관한 강연을 하고 있었다. 청중들은 자못 흥미진진하게 그녀의 말에 귀를 기울였고 장내는 조용했다.

그런데 갑자기 그녀의 얼굴에 세찬 바람이 휘몰아치고, 그녀의 눈에는 깊은 동굴이 있는 지방을 뒤흔드는 지진 광경이 보였다. 사방의 나무가 이리저리 쓰러질듯 했다. 강연을 마친 다음 그녀는 사람들에게 이렇게 말했다.

"아마도 내일 신문에는 대지진의 기사가 실려 있을 것입니다."

이튿날 조간 신문에는 어제 필리핀에 큰 지진이 발생했다는 사실이 보도되어 있었다. 그녀가 예배당에서 강연하던 그 시간에 지진은 한창이었던 것이다.

1961년, 부인은 케네디 대통령이 그 임기중에 살해될는지도 모른다고 예언했다. 그리고 또 1963년에는 케네디가 달라스로 향하기 1주일 전에 시카고의 레스토랑에서 부인은 친구인 검사에게 말했다.

"케네디 대통령은 1주일 후에 죽습니다."

1962년 휴우즈 부인은 아드레이 스티븐슨 대사의 사망 날짜를 정확히 예언했다. 그날 즉, 1965년 7월 31일에 대사는 실제로 죽었다.

이제 그녀의 예언 중에서 앞으로의 사태에 관한 것을 들자면 다음과 같다.

① 소련과 중공 사이의 군사적인 갈등은 그대로 계속된다.
② 달러의 기본이 되고 있는 미국의 금 보유량은 가까운 장래에 크게 준다.
③ 소련은 장차 아랍 연맹과 동맹을 맺고 인근 각국을 그 지배하에 둔다.
④ 사람들은 진정한 평화를 갈망하게 된다. 그리고 종래 이상으로 정신적인 면과 신비에 대한 이해력을 찾게 된다.
⑤ 소란스런 포퓰러 음악은 차츰 인기를 잃고 부드러운 러브송이 환영받게 된다. 동시에 클래식 음아에 대한 흥미기 격증한다.
⑥ 스위스의 지도자가 바뀐다. 지금까지의 중립주의를 버리고 국왕이 전권을 지배하는 국가가 된다.

5. 원격투시의 예언자 R·앤더슨

소년의 원격투시(遠隔透視)

1918년 11월 1일, 그러니까 제1차 대전이 끝나기 10일 전의 일이었다. 이날 미국의 오하이오주 엔터플라이즈에 있는 앤더슨씨네 집에서 이상한 일이 벌어졌다.

여덟살 짜리 사내아이 로버트가 가지고 놀던 장난감을 내팽개치더니 소리를 질렀다.

"엄마, 넬슨이 총맞아 죽었어!"

넬슨이란 로브트의 형으로서 캐나다 군(軍)에 지원하여 프랑스 전선에 나가 있었다.

"로버트야, 왜 그런 불길한 소리를 하느냐? 그럼 못 써요."

앤더슨 부인은 아들을 나무랬다.

"나는 봤어요. 넬슨 형이 얼굴에 총알을 맞았어요."

로버트는 여전히 큰 소리를 지르는 것이었다. 그런데 며칠이 지나자 군에서 전사 통지서가 왔다. 넬슨 앤더슨이 지난 11월 1일 독일군 저격병의 총탄을 얼굴에 맞고 즉사했다는 것이었다. 가족들은 새삼스레 로버트가 보통아이가 아님을 짐작하게 되었다.

하지만 그 후로는 그런 일이 없었다. 이윽고 로버트는 국민학교를 마쳤고 청년기에는 근육이 탐스러운 젊은이가 되었다.
 그가 처음 택한 직업은 광부였고 다음에는 선원(船員)이 되었다. 그러나 이내 그만두고 이번에는 권투 선수가 되어 링에 올랐다. 다음에는 레슬러, 나중에는 역도 선수로 이름을 떨치면서 한편으로는 투우사 노릇도 겸했다. 그는 장정 18명이 매달린 철봉을 어깨에 메고 일어설 정도로 힘이 강했다. 사람들은 그를 '젊은 삼손'이라고 불렀다.

되살아 난 투시력

 로버트에게는 그가 사모하는 여성이 있었다. 하지만 루스 판더파아크라는 그 여자는 이미 남의 아내였다. 어쩌면 로버트는 이 이룰 수 없는 사랑으로 밤낮을 번민한 끝에 그의 능력이 눈뜨게 된 것인지도 모를 일이다.
 그는 어느 날 마침내 판더파아크 부인에게 구혼했다.
 "로버트, 저는 남편이 있는 몸입니다. 저더러 결혼을 하자니 어이가 없군요."
 부인은 로버트의 상식을 의심하는 태도를 감추지 않고 지적했다. 하지만 로버트는 자신 있게 말하는 것이었다.
 "당신은 내 아내가 됩니다. 앞으로 6개월 안에 말이오."
 로버트는 이때 결코 농담을 한 것이 아니었다. 그의 머리 속에는 반년 후의 그와 판더파아크 부인의 관계가 분명히 떠올라 보였던 것이다. 과연 루스는 남편과 예기치 않은 일로 이혼하고 반년도 못 되어서 로버트의 아내가 되었다. 이것이 1936년의 일이었다.
 결혼 후, 그는 앞으로 태어날 자녀들의 성별(性別)을 예언했는데, 모두 그대로였다고 루스는 말하고 있다.
　맏이는 딸이며 조산아(早産兒)일 것이라는 예언이었는데 모두가 사실로 나타났다. 둘째딸 베티가 약혼했을 때, 로버트는 이렇게 말했다.
　"베티는 아이를 셋 낳지만, 결혼 생활은 결국 파탄한다."
　불행하게도 이 예언 역시 빗나가지를 않고 베티는 나중에 남편과 이혼하고야 말았다.
　어느 날, 그는 비행기표를 예약하고 여행 준비를 하는데, 그의 머리에 비행기가 추락하는 장면이 떠올랐다. 그는 곧 다음날 뜨는 비행기로 예정을 바꾸었다. 그가 당초에 타려고 했던 비행기는 콜로라도 산중에 추락하여 탑승자 전원이 사망했다.

진실을 말하는 예언

　1945년 1월, 로버트는 조오지아주의 로움이라는 거리에서 살고 있었다. 그 거리에 〈메신저〉라는 신문이 있었는데, 로버트는 그 신문의 편집국장인 E·D·홀을 만난 자리에서,
　"루우즈벨트 대통령은 금년 4월에 죽습니다."
　라고 말했다. 홀 편집국장은 다가앉으면서 물었다.
　"신문에 실려도 자신 있습니까?"
　"또 있습니다. 아이젠하워 장군은 앞으로 미국의 대통령이 됩니다. 그리고 독일과의 전쟁은 금년 5월 6일이나 7일에 끝납니다."
　루우즈벨트와 아이젠하워의 장래는 별문제로 치더라도, 전쟁이 그해 5월에 끝난다는 예언은 당시의 모든 정세로 보아 허튼소리로 밖에는 들리지 않았다. 군사 전문가들은 그의

예언을 비웃었다.

그런데 4월 11일, 홀 편집국장은 〈앤더슨의 예언〉이라는 표제의 기사를 신문에 냈다. 루우즈벨트 대통령의 죽음도 기사에 들어 있었음은 물론이다.

이튿날 아침 앤더슨은 뜻밖에 경찰서장과 형사 두 사람의 방문을 받았다. 평소 잘 아는 경찰서장이었으나 이때의 말투는 매우 냉엄했다.

"앤더슨씨, 이런 전시에 대통령의 죽음을 예언한다는 것은 민심교란죄가 될 수 있오. 연행(連行)하겠오."

앤더슨은 옷을 갈아입고 서장의 앞을 서서 방문을 나서려고 했다. 바로 그때, 래디오가 임시 뉴우스를 알리겠다고 했다.

"루우즈벨트 대통령은 웜스트링즈에서 서거했습니다."

다들 그 자리에 우뚝 선 채 말이 없었다. 이윽고 씁쓸한 표정의 서장이 입을 열었다.

"이제 당신을 연행할 필요는 없어졌오. 우리는 진실을 말하는 사람을 체포할 수는 없오."

그해 5월 앤더슨은 〈메신저〉 신문사를 방문하고 다음과 같은 예언을 했다.

"8월 8일 경에 어떤 일이 생긴다. 그것은 장래의 전쟁 양상을 일변시킬 것이다. 그리고 일본과의 전쟁은 8월 18일 경에 끝납니다."

'8월 8일 경의 어떤 일'이 6일의 히로시마와 9일에 나가사키에 대한 원폭 투하임은 설명할 필요도 없다. 일본의 항복이 실제와는 3일의 오차(誤差)가 있지만, 어쨌던 당시로서는 놀라운 예언이었다.

1969년의 예언

앤더슨은 1969년 1월, 장래의 세계 정세에 대하여 많은 예언들을 발표했다. 그 속에서 주된 것만 들더라도 다음과 같이 광범위하고 다양하다.

① 종교 단체를 가장한 공산주의자의 조직이 FBI의 손으로 폭로된다. 이런 조직의 자금은 소련과 쿠바와 중공이 공급한다.

② 소련과의 우호 관계는 가까운 장래에 변화한다. 그리고 서구(西歐)와 마찬가지로 미국에 대하여서도 엄한 선이 그어진다.

③ 소련 군대는 체코에 잔류한다. 그러나 이 점령이 위성국의 봉기는 막지 못한다.

④ 수개월 내에 각국에서 여학생 폭동이 일어난다. 이 폭동은 공산주의자의 선동과 모략에 의한 것이다. 그리고 이 폭동은 시민·대학·정부로부터 맹렬한 반격을 받는다. 그 결과 폭동 금지에 관한 법률이 개정된다.

⑤ 뉴욕시의 상공을 뒤덮은 먹구름이 보인다. 중대한 재해가 일어날 것이다.

⑥ 3년내에 아시아의 지표(地表)에 균열이 생긴다. 이것은 수폭 실험의 결과이다. 실험 등으로 많은 인명이 상한다. 여기서 전세계는 핵폭탄 제조의 금지를 외친다.

⑦ 멕시코의 장래에 불안이 감돈다. 혁명의 가능성이 보인다.

⑧ 공민권 운동과 밀접한 관계가 있는 또 하나의 인물이 암살된다.

⑨ 중근동에서는 분쟁이 계속된다. 하지만 우위에 서는 쪽

은 이스라엘이다. 나셀은 집권자로서 위험한 위치에 몰린다.

⑩ 1969년에는 신비주의와 초자연 현상에 대한 일반인들의 흥미가 높아진다. 텔레비전에는 이런 것에 관한 프로가 늘고 과학자도 이 문제를 정면으로 다루기 시작한다.

⑪ 다음 대전쟁은 10년 내에 일어난다. 전쟁의 발단은 중공이 미국의 두 도시에 가한 핵무기의 공격이다. 두 도시는 전멸하고 수백 만의 인명이 없어진다. 그러나 미국과 소련의 제휴로 중공은 곧 패전한다.

⑫ 6년 후, 즉 1975년에 인간이 달에 상륙한다.

⑬ 10년 이후에 과학은 인간이 100세 이상 살 수 있는 장수약(長壽藥)을 발견한다. 이 약은 동맥을 튼튼히 하고 동시에 인체 세포에 영양을 준다.

⑭ 남녀의 의복이 비정상적으로 보일 만큼 달라진다. 남성의 의복은 여성화 된다.

⑮ 10년 이내에 캘리포오니아에 격렬한 지진이 일어난다. 이 지진은 역사상 유례가 없었을 정도의 대지진이다.

이상 15가지의 예언에서 분명히 빗나간 것은 ⑫의 '인간의 달착륙'이고, 그 나머지는 적중 또는 근사한 정도에까지 이르고 있는 것이다.

6. 제2차대전을 예언한 7세기의 성녀(聖女)

알자스의 수호 성녀

7세기 말기의 일이었다. 독일과의 접경 지대에 있는 프랑스의 알자스 대영주(大領主) 아다르리크의 성중에서 눈먼 여아가 출생했다. 아다르리크는 인정없는 성격이어서 눈먼 딸자식 따위는 소용 없다고 거들떠보려고도 하지 않았고, 결국 이 아이는 수도원에 맡겨졌다. 세월이 흘렀다. 아이는 하느님의 가호 아래 무럭무럭 자라서 아름다운 소녀로 성장했다. 이 무렵 그녀는 기적적으로 밝은 광명을 찾았다.

어느날 라티즈본의 주교(主敎)로 있는 신부가 찾아와서 그녀의 먼 눈을 고쳐 준 것이다. 그 신부는 '오디일'이라는 이름을 그녀에게 지어 주었는데, '빛의 딸'을 뜻하는 이 이름이야말로 이제는 어둠을 모르는 그녀에게 가장 어울리는 것이었다.

냉혹한 처사를 서슴치 않았던 부친도 이 소식을 듣고는 크게 뉘우침과 동시에 아름다운 딸을 자랑으로 여기고, 오디일더러 선조 전래의 호헨브르그 성으로도 돌아오기를 권했다.

오디일은 아버지의 말을 따르겠다고 했다. 그러나 성을 수도원으로 만들어 달라는 조건을 붙였던 것이다. 그때부터 그녀는 이 호헨브르그 언덕에 머물러 일생을 경건한 봉사와 선행에 바쳤다. 그리하여 마침내는 알자스의 수호 성녀(守護聖女)로 세상 사람들의 숭앙을 받게 되었던 것이라고 한다.
 그런데 이 성녀가 현대를 예언한 산문시(散文詩)를 남긴 것이다. 라틴어로 된 이 산문시에는 히틀러가 일으킨 제2차 대전의 시작과 경과가 예언되어 있는 것이다. 하기는 이 산문시가 과연 그녀가 직접 쓴 것인가 하는 점은 의심스럽다는 사람도 있다.
 어떤 겸손한 수도승이 써서, 수호 성녀인 '빛의 딸'에게 비쳤던 것이 아닐까 하는 것이다. 어쨌든 이 놀라운 예언시는 히틀러가 이 세계에 그 저주스러운 모습을 보이기 1천여년 전에 쓰여졌던 것만은 분명하다. 성녀의 예언이 얼마나 정확한 투시력에 의해 쓰여졌는가를 그녀의 산문시를 통해 알아보자.

정복자는 다뉴브 강변에서

산문시는 다음과 같은 구절로 시작된다.

들으라, 오, 나의 형제여, 나는 보았네, 숲과 산이 두려워 떨고 있음을
나라들은 망연 자실했더라, 일찍이 세상 어디에도 이런 큰 혼란은 없었다.
 [히틀러는 인근의 작은 나라들을 차례로 정복했다. 작은 나라들은 망연 자실하며, 아무런 효과적인 대응책도 세우지 못했었다.]

때가 이르면 땅 위에서 가장 호전적인 나라 독일은 일어나리라.
〔예로부터 독일은 그 도전성으로 악명이 높았으며, 세계 정복의 야망이 다른 어느 민족보다도 강했다.〕

때가 이르면 독일의 태내(胎內)에서 무서운 사나이가 세상에 나오리라.
이 사나이는 세계전쟁을 꾀하리라.
전쟁 준비를 갖추면서, 사람들은 그를 '그리스도의 적'이라고 부르리라.
무수한 어머니가 그를 저주하리라.
그녀들은 라켈과도 같이 자식들을 위해 울고
자식들은 이미 죽었으며, 그 고향의 모두가 황폐하였으며
모든 기쁨을 잃으리라
〔라켈은 구약 창세기(創世記) 중의 야곱의 아내. 히틀러는 카톨릭뿐 아니라 모든 기독교 단체를 조직적으로 말살하려고 했다. 히틀러는 철저한 '그리스도교의 적'이었다.〕

전복자는 다뉴브 강변에서 나타나리라
〔히틀러는 오스트리아의 다뉴브 강변 브라우나우에서 출생했다.〕

20개의 적국

오디일 성녀는 독일이 동원한 신무기도 예언했다.

그는 사람들 중에서 비범한 지도자이리라

그가 꾀한 전쟁은 그 절정에 있어서 일찍이 인간이 경험한 가장 무서운 전쟁이 되리라.
그의 무기는 불을 뿜으리라
[프랑스 전선에서 독일군은 화염 방사기, 탱크 등 무서운 무기를 사용했다.]

그리고 그의 병사들의 철모는, 빈틈없이 늘어선 반짝이는 무기들의 한가운데 있고
그들의 손은 붙붙은 횃불을 휘두르리라
이곳에는 얼마나 많은 주검이 누을 것인가!
그는 물과 바다와 하늘에서 승리를 얻으리라.
나는 보노라
숙련된 날개 달린 병사들이 무서운 소리를 내면서 구름 속을 달리고
별을 붙잡아 세계의 거리와 거리에 던져 엄청난 불을 붙이고 있음을…

현대적의 공습을 예언한 대목이다. 혹시 번역 과정에서 현대에 맞도록 분식(粉飾)한 것이 아닌가 의심될 경우를 대비해서 원시를 여기 소개한다.

> Videoque viros helli artibus claros et pennatos,
> qui in oequitationibus terricrepis ad nubes advolant,
> stellas capientes et dejicientes in urbes universi orbis
> ut combrant igne altissimo.

나라들 사이에는 경악이 일고, 그들은 외치리라

'그의 힘은 어디서 생기는가! 어찌하면 그런 싸움을 벌일 수 있는가!'
 [히틀러의 전격 작전을 본 사람들은 당시 그렇게 감탄했다.]

 지구는 군대의 충돌로 뒤집히리라.
 피가 흘러 강을 이루는듯 하리라.
 바다 밑에서는 괴물들이 큰불에 놀라리라.
 [바다 밑의 큰 불은 잠수함을 공격하는 지뢰를 가리킨 것으로 보인다.]

 검은 폭풍우는 모든 것을 황폐하게 하리라.
 미래의 세대(世代)는 자기 적이 대승리의 진군을 멈추지 못하는 데 놀라리라.
 그리고 전쟁은 길어지고, 승리자는 전쟁의 제2년 6월째의 중간에
 그 개가의 절정을 이루리라.
 [이 예언은 히틀러의 승리가 1941년 중반에서 역전될 것을 지적하고 있다. 실제로 독일군의 진격이 성공을 거둔 것은 그 무렵까지였고, 그 후에 벌인 러시아 진격은 무참한 실패로 끝났다.]

 이것은 피묻은 승리의 때로 부르는 시기의 끝이 되리라.
 우롱적인 이 지도자는 외치리라, '나의 명예를 받으라!'고.
 [히틀러의 '평화공세'와 '침략외교(侵略外交)'를 지적한 예언이다.]

그러나 그들은 그것을 거절하리라. 그리하여 전쟁은 계속되리라.
그리고 그는 외치리라. '가련한 자들이여, 나는 그대들의 정복자다!'라고.
[히틀러는 실제로 이런 투의 장담을 거듭했었다.]

전쟁의 제2단계는 제1단계의 절반 길이와 같으리라.
그것은 쇠퇴의 시기로 알려지리라.
[군사 평론가는 제2차 대전의 제1단계를 1939년 9월~1941년 3월, 제2단계를 1941년 4월~12월로 보고 있음. 이 12월에는 러시아 전선에서 패퇴, 미국의 참전 등으로 나치는 쇠퇴기에 접어들었다.]

예기치 못한 일이 많이 나타나고
세계의 사람들은 동요하리라.
특히 20개의 나라와
불행한 사람들이 전쟁에 휘말리리라.
[1941년 6월23일자 〈뉴욕 헤랄드 트리븐지(紙)는〉 '독일군 19개 국에 진주'라는 표제 밑에 나치의 군대가 동맹군 또는 점령군으로 인근 19개국에 진주하고 있는 사실을 보도했다. 여기에 영국은 들어 있지 않았다.]

쇠퇴기의 중간 무렵, 지도자의 가련한 소리는 외치리라. '휴전하자!'고
그러나 그들에게 평화는 주어지지 않으리라.
그것은 전쟁의 종결은 아니지만, 그러나 하나의 종결을 고(告)하는 것이리라.

그때 최후의 보루에서는 백병전이 벌어지리라.
이윽고 그의 나라의 여인들 중에는 마음으로 번민하고
그에게 돌을 던지려는 자도 있으리라.
[1942년 1월 나치는 베를린 시내에 최후의 방위선을 구축했다. 3월에는 여자 군중이 철도에서 군용차의 발차를 방해하는 사건이 있었다.]

동양의 전란(戰亂)과 전범재판(戰犯裁判)

성녀 오디일의 예언에서 대전의 후반기에 관한 지적은 전반기에 비해 간략한 편이지만, 그러나 중요한 대목을 빠뜨리지 않고 있다.

또 동양에서도 많은 동란이 일어나리라!
바야흐로 침공기(侵攻期)라 불리는 짧은 시기가 이르렀다.
[1941년 12월 일본은 하와이의 진주만을 공격, 독일군은 러시아 전선에서 패퇴하면서 소련군의 맹추격을 받기 시작했다.]

그리고 정복자는 부하에 관한 혼란 속에 있으리라.
[1941년 12월 폰 브라우시찌 원수를 비롯한 여러 명의 나치 군 수뇌들이 그 지위에서 사임 또는 파면되었다. 이때부터 히틀러와 군부 사이의 반목은 공공연한 사실로 드러났다.]

신을 두려워하지 않는 악행의 응보(應報)로서

그의 나라는 국토에 걸쳐 참화를 입으리라.
최후의 싸움에서는 산을 에워싸고 무섭도록 많은 사람의 피가 흐르리라.
나는 보노라
상제(上帝)의 신전에서 각 국민이 자기들의 해방에 감사 기도를 드림을…
그곳에는 지도자 중의 지도자가 나타나고
그에 의해 그들은 살아서 승리를 맞으리라.
[대상륙 작전을 지휘한 연합군 최고사령관 아이젠하워 장군을 가리킨 부분이 인상적이다.]

사람들이 모르던 전염병이 정복자의 군대에 만연하고
사람들은 말하리라, '이는 신의 조화, 죄에 대한 벌이다.'라고.
[1941년 1월, 독일군 부대에 발진티브스가 퍼져 수천 명이 사망했다.]

사람들은 그의 종말이 가까왔음을 말하고
왕홀(王笏)은 이미 그의 손에 없고, 그의 국민은 기뻐하리라
신은 정의, 격렬한 동란에 인내로 견디며 준엄한 마음을 지니신다.
신을 믿는 모든 나라가 약탈 당함이 없었음은 아니다.
그들은 다시 이 세상에서 고통을 더 입으리라.
피와 불길 속에 황폐한 무수한 곳이 인간의 군대가 주는 하늘의 선물로 구원받으리라.
[이 예언은 원폭 투하를 지적한 것으로 해석하는 사람이

많다.]

그 황폐를 사람들이 예상한 루테시아의 땅은
거룩한 언덕과 경건한 여인들로 하여금 신의 섭리로써 구원되리라.
[루테시아는 파리의 옛 이름. 당시 파리가 파괴되지 않을 것으로 예상한 자는 거의 없다.]

그들은 산에 올라 신에게 기도드리며 말하리라
'그들에게 이 죄를 남기지 마소서. 그리하면 이 재앙이 다시 일어날 것이오니!'
(제2차 대전이 끝나자, 세계는 한결같이 3차 대전이 일어나지 않기를 간절히 기도했다. 1차 대전 후와는 다른 현상이었다.)

이 시기에 저 '그리스도의 적'에 아무런 불안도 느끼지 않은 자에게 재앙이 닥치리라.
그는 바로 그런 운명을 짊어질 자들의 아버지다.
이리하여 다시 많은 눈물이 땅을 적시리라.
[히틀러에 협력한 각국의 매국노들은 전후에 마땅한 심판을 받았다.]

이 시기에 놀란 사람들은 진정으로 신을 숭배하리라.
그리고 태양은 아주 새로운, 찬란한 빛으로 빛나리라.
[예언은 이 놀라운 문장으로 끝난다.]

제 3 장
인류의 종말

1. 인류는 멸망할 것인가?

휴우즈의 방주(方舟)

세계 제일의 항공회사 TWA를 비롯한 많은 기업체를 가지고 있는 미국의 억만 장자 하워드 휴우즈는 얼마 전부터 현대식 방주(方舟)를 건조중이라고 한다.

구약(舊約)에 기록된 '노아의 방주'는 길이가 약 135미터, 폭 22.5미터, 높이 54미터 정도로서 3층으로 되어 있었다고 하는데, 휴우즈가 건조하고 있는 방주는 측근자 17명과 필요한 동물을 태울 초현대식 기선으로서, 길이는 2백 미터, 배수량이 3만 5천 톤이라고 한다. 아직까지 한 번도 공개 석상에 모습을 나타낸 일이 없는 수수께끼의 인물 휴우즈가 이 배를 준비하게 된 것은 어떤 유명한 예언자가,

"앞으로 5년 내에 대홍수가 세계를 전멸시킬 것이다."

라고 알려 주었기 때문이라고 한다.

앞날을 내다보는 눈과 빈틈 없는 기업으로 유명한 휴우즈의 일이니만큼 단순한 기행(奇行)으로 웃어넘기지 못할 그 무엇이 있음직도 하다.

그렇다면 과연 앞으로 몇 년 안에 인류를 전멸시킬 홍수가 일어날 것인가. 여기서 새삼 주목을 끄는 것은 에드가 케이

시를 비롯한 세계적 예언가들의 '지각이변설(地殼異變說)'이다.

'잠자는 예언자'로 유명한 케이시는 1970~80년대의 캘리포오니아의 해안 지대로부터 로스엔젤리스의 북방 160킬로까지 이르는 지역이 16~20킬로의 폭으로 갑자기 태평양의 바다 속으로 함몰할 것이라 예언한바 있고, 꿈에 의한 예언으로 놀라운 적중률을 자랑하는 아일랜드의 짐 게이빈은 뉴욕이 물 속에 가라앉을 날이 아주 가까왔다고 주장하고 있다.

또, 커티슨 기브슨은 다음과 같이 예언하고 있다.

"세계의 기후가 급격하게 변할 것이다. 북대서양 전역이 수개 월 동안에 얼어 붙고, 적설(積雪)은 미국에서는 9미터, 소련에서는 18미터에 이를 것이다. 느닷없는 호우(豪雨)가 자주 나리고 지진이 빈발하여 해안 지방에 대홍수가 일어나는 등 원인모를 천재이변이 잦을 것이다."

기브슨은 또 말하기를, 서기 2천년 경에는 지구의 축(軸)이 갑자기 30도나 위치가 변화하고 대서양의 물은 1~2킬로 높이의 거대한 파도를 이루어 미국의 대서양 연안을 덮칠 것이며, 이때 일어나는 지각의 융기와 침강(沈降)은 상상할 수 없는 거창한 규모일 것이라고 한다.

지질학자적 예측

지구의 축은 수평면에 대하여 일정한 각도로 회전하고 있는데, 이 지축의 각도는 영구 불변한 것이 아니라, 어떤 긴 주기(周期)를 두고 변화하는 것이며, 바야흐로 그 변전기(變轉期)에 접어들었다는 학설이 얼마 전에 발표되었다.

즉, 지구의 축이 종래의 각도를 벗어나서 다른 각도로 바뀌어 회전한다는 것이다.

지축의 각도가 달라지면 남극과 북극의 온도가 높아져서 양극 지대의 얼음이 녹아 바닷물이 증가하고 해면이 상당히 높아지면 해안지대가 물에 잠겨진다고 한다.

한편, 지진학자들은 지각(地殼)·지질의 변화와 과거의 지진 발생 빈도 등을 통계적으로 관찰한 결과 지구는 바야흐로 큰 변동기에 들어섰다고 거듭 경고하고 있다.

"이란은 우리 미국으로부터는 멀리 떨어져 있다. 하지만 미국에도 대지진이 없지 않을 것이다. 가장 위험한 지역은 캘리포오니아다."

약 1만 명의 사망자와 수백의 촌락을 삼킨 대지진이 이란에서 발생한 1962년에 미국의 지진학자 알렌 박사가 한 말이다. 박사는 20세기 초부터 알라스카와 알류샨 열도를 잇는 일대의 땅이 이상융기(異常隆起)하고 있는 점을 지적하면서 반드시 대지진이 미국을 덮칠 것이라고 주장한다.

한편 하버드 대학의 리이트 교수도 '20세기가 끝나기 전에 뜻밖의 지점에서 대지진이 발생한다'고 단언하고 있다.

이 밖에도 전문적인 지질학자와 지진학자들은 다음과 같은 보고를 하고 있다.

① 현재 잉글랜드에서는 일부 지역이 바다 속으로 가라앉고 있다.

② 스칸디나비아와 캐나다에서는 육지가 이상융기를 계속하고 있다.

③ 아프리카·호주·남미의 대륙은 서서히 북쪽으로 이동하고 있다.

④ 미국의 캘리포오니아 지역에서는 매년 5센티씩 육지가

태평양 속으로 이행하고 있다.
 언제 터질지도 모르는 지진대(地震帶)가 태평양 연안 지방을 감싸고 있으며, 그 지맥(地脈)이 히말라야 산맥, 코카서스 산맥, 알프스 산맥에까지 뻗쳐 끓임없는 지하 활동을 하는 중이다. 그 결과 여러 지역의 육지 표면에 주름이 생기고 지하의 암석이 고압을 받아 지열(地熱)이 높아지고 있다는 것이다.
 캘리포오니아 대학의 지질학자 볼트 교수는 '지진대 지역의 주민에게는 안전이란 있을 수 없다'고 거듭 강조하고 있다.

국제 지구관측년(國際地球觀測年)의 보고

 1957~58년 국제 기구관측년 때, 라몬트 관측소의 조사선 '비버호(號)'로 해저가 뜻밖의 현상을 이루고 있음을 보고 놀랐다. 해저에는 히말라야 산맥보다 높은 산맥이 있는가 하면 평균 2천 미터나 되는 계곡이 사방에서 발견되었다.
 이 해저 산맥에서도 자주 지진이 발생하고 있으며, 때로는 육지에까지 적지 않은 피해를 주곤 한다.
 1966년 10월 19일, 각국의 천문대에서는 상당히 큰 지진이 해저에서 발생했음을 지진계(地震計)에 의해 포착되었다.
 다행히도 진원지(震源地)가 아프리카와 남미의 중간 지점인 남대서양의 외딴 곳이어서 피해는 별로 없었다. 그런데 그 이틀 전에 페루의 리마 앞바다 220킬로 되는 해저에서 발생한 지진은 불과 38초간의 짧은 진동으로 그쳤는데도 리마와 카야호 항구의 많은 건물이 무너지고 사망자 2백명, 부상자 3천여명이라는 큰 피해를 주었다.

지진학자들은 화산의 분화와 밀접한 관계가 있는 것으로서 지진을 주목하고 있다. 기록에 의하면, 서기 63년 이탈리아의 폼페이 시를 괴멸시킨 베스비우스 화산의 분화를 예고하듯 앞서 발생한 수천번의 지진이 잇달아 치솟았다고 한다. 지진이 거듭되는 경우, 언제 화산이 폭발할는지 모르는 일인 것이다.

지진은 지구 자체의 온도 변화로 지각에 주름이 생길 때 일어난다고 한다. 통계에 의하면 지구상에는 매년 5백만 번 이상의 지진이 발생하고 있으며, 그 중의 12~20%는 대지진으로서 매년 1만 5천~2만명이 지진으로 희생당하고 있다.

한편, 지진이 화산 분화의 전조(前兆)로 나타나는 경우도 많지만 반대로 화산의 폭발이 지진을 유발하는 예도 적지 않다.

요즈음도 핵보유 국가들은 지하 폭발 실험을 여전히 계속하고 있는데, 이런 실험으로 지하에 생기는 단층(斷層)이 언제 지구를 내부로부터 진동시키는 방아쇠 구실을 하여 세계의 파멸을 가져올 이변을 일으킬지 모른다고 학자들은 염려하고 있다.

대기학적(大氣學的) 예측

대기의 오염이 이대로 계속되면 인류의 장래는 절망적이다. 1972년 4월, 세계 공해회의에서 미국의 SST 조사위원회는 다음과 같이 보고하고 있다.

"만일 앞으로 4백~5백대의 SST(超音速大型機)가 세계의 하늘을 비행하게 되는 날에는 그 연료의 연소로 말미암아 지구상의 산소는 10년간에 3~4% 감소한다.

여기에 약 3만대의 군용, 민간 항공기와 약 2억대의 자동차 등에 의한 연료의 연소, 공업 생산과 핵실험에 의한 산소의 소비가 누적될 것이므로, 21세기까지 지구상의 산소는 12~15% 감소하고 대신 그만큼의 오염 물질이 증가하게 될 것이다.
 하지만 새로 산소를 생성(生成)시킬 식물 지대는 도시화(都市化), 공업화를 계속하는 인간 때문에 급속히 파괴될 것이므로 감소된 산소는 거의 보충될 수 없게 되고, 인간은 더 이상 호흡에 의해서 생존을 유지할 수 없는 상태에 이를 것이다."

기상학적(氣象學的) 예측

 20세기 전반(前半)은 과거 1천년간에 있어서 가장 온화한 기후가 계속된 시기였고, 지금도 세계의 기상이 급격하게 악화하고 있다는 것이 기상 전문가들의 견해다.
 기상에 이상 변화가 생기기 시작한 것은 20세기 초부터였는데, 먼저 나타난 것은 현저한 온난화(溫暖化) 현상으로서, 평균 기온은 1954년에 절정을 이루었고 그후로부터는 급격히 하강하기 시작하여 고위도(高緯度) 지방에서는 0.5C나 평균 기온의 저하를 보이고 있다.
 이 수치(數値)는 별로 대단한 변모로 보이지 않을 수도 있으나 그 영향은 매우 크다.
 이를 테면 아이슬란드에서는 목초의 수확이 줄어 양모·육류의 생산량이 감소되었으며, 영국에서는 1950년 이전에 비해 농작물의 성장 기간이 9~10일간 짧아졌다.
 대부분의 기상학자들은 이 기후의 한냉화(寒冷化) 현상을 아주 불길한 징조로 보고 있으며 인류의 종말을 가져올 빙하 시대가 임박했다고 비관하는 학자도 적지 않다.

과거의 빙하 시대에는 북아메리카의 훨씬 남쪽에 까지 빙하에 덮여 있었는데, 이 빙하 시대는 지금으로 부터 약 1만년 전에 끝났던 것이다.

기상학자들은 우선 다음과 같은 사태가 닥칠 것으로 예측하고 있다.

① 사하라 사막을 비롯한 큰 사막들은 남쪽으로 이동한다. 그리고 사하라 사막의 북부와 이란 고원 등의 지역에서는 다시 옛날처럼 농업이 가능해질 수도 있다.

② 아마도 이 20세기가 끝나기 전에, 계절풍이 정기적으로 북부 인도에 불어오지 않게 될 것이다. 그 결과 계절풍 지대의 강우량이 줄어 농업에 피해를 주고, 이 지역에서는 현재의 인구 조차도 지탱하지 못할 만큼 식량 생산이 줄어든다.

③ 미국 서부의 평원 지대나 록키 산맥 주변의 여러 주에서는 강우량이 급증하여, 미시시피 계곡 동쪽의 지역에까지 홍수의 피해가 빈번할 것이다.

하지만 오늘날의 이 한냉화 현상이 언제까지 계속되며 또 어느 정도 추워질 것인가 하는 질문에는 어느 기상학자도 대답을 회피하고 있다. 다만 영국의 휴버트 램이 과거의 한냉기는 보통 100~150년간이었다는 견해를 밝히고 있다.

로마 클럽의 예측

이탈리아의 대기업가 아우레리오 베티와 영국의 알렉산더 킹이 중심이 된 '로마 클럽'은, 최근에 미국 마사츄세츠 공과대학의 시스템 다이너믹스 방식을 컴퓨터에 채용해서 세계의 공해·공업·생산·자원·식량·인구 등 다섯 부분을 종합하여 미래를 예측하였다.
 이 결과에 의하면, 세계는 앞으로 25~72년안에 파멸 상태에 이를 가능성이 매우 크다.
 인류의 생존에 필요한 식량·자원·에너지는 20세기 말에 이미 바닥을 드러내기 시작하고 한편으로는 인구가 계속 증가하여 30~40년 후에는 현재의 곱에 이른다. 따라서 그 무렵에는 흉년이 들지 않더라도 세계적인 기근이 가속(加速)될 것이며, 이에 비례해서 절망적인 전쟁이 일어날 위험도 급증할 것이다.

천체충돌설(天體衝突說)

 1973년 12월, 코호오텍 혜성(彗星)이 지구에 접근했을 때 일부에서는 지구상에 어떤 큰 이변이 생길지도 모른다는 풍문이 떠돌았었다.
 혜성은 인류에 대한 하늘의 경고이며, 무서운 재앙이 뒤따른다는 말이 있었기 때문이었다. 대홍수가 일어난다고도 하고 지구의 종말이 온다고도 하는 풍문 따위다.
 1910년, 할레 혜성이 접근했을 때도 종말설이 자자했고, 1680년에도 같은 이야기로 법석을 떨었었다. 하지만 세계적인 재앙은 그때마다 없었다.
 혜성 출현에 따르는 종말설과는 다르지만, 학자들 중에는 천체 또는 거대한 우주 물질과의 충돌에 의한 지구의 이변을 주장하는 학설이 있다.
 러시아 태생의 정신분석학자 임마뉴엘 베르코프스키는 다음과 같이 말했다.

"지구는 이제까지 세 번의 큰 이변을 체험했음을 성서에도 기록되어 있다. 기원전 1천년경 목성으로부터 우주 공간으로 떨어져 나간 금성은 지구와 거의 충돌할 정도로 접근했고, 그 때문에 지구는 가스와 운석(隕石) 등에 쌓여 한쪽은 1주일간 내내 밤이 계속되고 반대쪽은 낮이 계속되었다. 그리하여 각지에 질병과 재해가 잇달아 일어났고 인류는 이리저리 흩어져 당시의 운명은 감쪽같이 사라지고 말았다."

그는 또 오늘날 우주이론의 근거가 되고 있는 '태양과 혹성(惑星)이 일정 불변한 궤도를 영원히 회전한다'는 가정(假定)은 과거 3천 년 미만의 기간에 관찰한 것을 기초로 삼은 데 불과하며, 그 궤도에 변화가 없으리라는 보장은 없다고 주장하고 있다.

한편 소련의 A·고르보프스키는 1만 수천년전에 달·혜성·소혹성(小惑星)이 지구에 낙하하여 지구에 큰 이변이 일어났었다는 견해를 가지고 있다.

만일 혜성이 지구와 충돌한다면, 혜성은 줄잡아 수폭(水爆) 50만개에 해당하는 폭발을 일으킨다고 하므로 지구가 존재하기 어렵다는 것은 분명하다.

에스토니아 공화국의 사아레아 섬(島)에 카리퓨하카라라는 호수가 있는데, 이 호수는 약 2천 5백년 전에 운석이 떨어졌을 때 생긴 것임이 최근의 조사에서 추정(推定)되고 있다.

"이 지상에서 번영한 문화는 하늘이 내린 재앙으로 몇 번이나 파괴당했다. 앞으로 또다시 같은 재앙이 일어날 것이다."

베르코프스키는 어느 날 하늘의 이변으로 말미암은 지구의 파멸이 닥칠 것을 이와 같은 말로 예언하고 있다.

2. 지구 최후의 대전쟁

아마겟돈 전쟁

 기독교에서는 이 세계의 종말이 선(善)과 악의 세력과의 사이에 일어나는 최후의 대결전으로 나타날 것이라고 한다.
 《요한 묵시록》에 의하면 이 마지막 전쟁은 아마겟돈에서 벌어질 것이라고 기록되어 있다. 즉, 이것은 예수 그리스도가 재림하여 지배하는 '새 세상 1천년'이 열리기 직전의 최후 전쟁을 뜻하는 것이다.
 '아마겟돈'이라는 이름은 팔레스티나 평원의 옛 이름이며, 이 평원에서 지구 최후의 전쟁이 벌어진다고 성서에는 기록되어 있다.
 성서의 예언을 연구하는 많은 학자들은 제1차 대전 당시 그것을 아마겟돈 전쟁인 줄로 보았었다. 하지만 그것은 그릇된 해석이었다. 종말론 성서의 예언이나 노스트라다무스의 예언시의 내용도 다 같이 20세기 끝 무렵에 아마겟돈 전쟁이 일어날 것임을 시사하고 있으며, 또 그것은 동방세계 대 서방세계의 전쟁이요, 아랍의 정복자 밑에 동방세계의 여러 민족이 결속하여 이스라엘 쪽에 가담한 서방세계와 결전을 벌인다는 것이다. 그리고, 이 최후 전쟁은 아마도 종교전쟁일 것이며, 성지(聖地) 팔레스티나 전역에 걸쳐 전단(戰端)이 시작될 것으로 보여지고 있다.

이미 오랜 과거부터 성서 연구가들은 최후의 전쟁은 에돔〔야곱의 형 에사우 : 아랍인의 선조라고 한다〕과 관계가 있을 것으로 보아왔다. 그들은 18세기에 이미 다음과 같은 점에 견해가 일치되고 있었다.

"에돔의 멸망이 이스라엘 왕족의 중흥을 가져올 것이다."

성서 예언의 연구가 기네스 박사는 1878년에 다음과 같은 예언을 발표한 바 있다.

〈우리는 팔레스티나와 이스라엘의 상황에 관한 갖가지 징조를 보아왔다. 이 징조는 성역(聖域)의 정화와 이스라엘의 부흥이 멀지 않다는 것을 말해 주는 것으로 보인다.

회교도가 불가리아에서 쫓겨나고 시리아에서도 쫓겨나려 할 때, 그것을 자극하는 것이 상호 불신일런지 정략적인 경계심일런지 또는 보다 높은 차원의 동기에 의한 것일런지는 잘 알수 없으나, 어쨌든 유럽 각국이 유태인의 선조의 땅에 그들을 복권(復權)시키려고 할 때, 그때야말로 최후의 경종이 울릴 것이다. 그때야말로 엄청난 위기에 앞서서 나타날 일을 지적한 성서의 예언 중, 아직 실현되지 않은 마지막 부분이 현실로 나타날 것이다. 그때야말로 이스라엘이 거절한 구세주가 다시 모습을 나타내어, 영광스런 성도들과 손을 잡고 왕으로서 지구를 다스릴 날이 가까우리라. 그때야말로 신의 신비는 끝난 것이나 다름 없으며 그리스도의 재현(再現)은 눈 앞에 있다······. 오스만 터어키 제국의 힘과 독립의 붕괴는 그리스도의 시대가 가까왔다고 선언하는 모든 그리스도교 국가에의 나팔 소리일 것이다.〉

이스라엘과 아랍의 무서운 종교전쟁

영국계 이스라엘인 A·B·트레이너는 아마겟돈에 관해 보다 구체적으로 설명하고 있다.

〈유다와 에돔 사이의 불화의 역사는 예언자 오바댜에 의해서 그의 예언서(구약성서의 일부) 제1장(1~14절)에 자세히 쓰여 있다. 세계의 눈 앞에 아직 막이 오르지 않은 이 성지 팔레스타나를 무대로 삼는 주요 등장 인물은 에돔(아랍인), 유다(유태인), 에프라임(영국인)이다. 에돔은 악역(惡役), 유다는 희생사, 에프라임은 희생사를 구출하는 영웅이며, 그리하여 최후에 영원한 평화가 온다.〉

즉, 최후의 세계 분쟁은 유태인 문제로 말이 많고, 그것은 시온에 유다의 옛 왕국을 재건하는데 단결한다는 것이다. 아마겟돈 전쟁에 있어서 유태인은 역사상 그들이 보이는 최대의 역할을 할 것이라고 예언자 스가랴는 말하고 있다.

〈그날에 여호와께서 그들로 크게 소란케 하시더라, 피차 손으로 붙잡으며 피차 손을 들어 칠 것이며 유다도 예루살렘에서 싸우리니.……〉(스가랴서 제14장 13~14절)

노스트라다무스는 성서의 예언자들과 마찬가지로, 아마겟돈이 장차 일어날 것을 알고 있었다. 그는 아마겟돈이 보통의 전쟁이 아니며 그 최후의 전쟁이 성지 팔레스타나에 한정된 그런 것이 아님도 알고 있었다. 예전의 십자군 전쟁과 마찬가지로, 이 전쟁은 이교도와 그리스도교도 사이의 전쟁일 것임을 알고 있었다. 실제로 그는 아랍 군주의 적대자를 '십자군 전사'라고 부르고 있다. 팔레스티나는 이 전면적인 종교전쟁의 중심점이 된다는 것이다.

1981년에 마지막 전쟁이

 그러면 이 아마겟돈 전쟁은 과연 언제 일어날 것인가. 노스트라다무스는 세계의 종말이 '1999년 7월'에 온다고 해석되는 예언시를 남긴데서 요즈음 '1999년 종말설'이 세계적으로 유행하고 있지만 그의 예언에는 다음과 같은 것도 있어서 최후 전쟁의 발발은 좀더 빠를 것으로 보는 견해도 있다.

 두 번째 닭이 우는 새벽에
 튜니스의, 페즈의, 브기아의 사람들
 아랍인들에 의해서 모록코의 왕은 붙들린다.
 《기도서(祈禱書)》로부터 1607년의 해에(제6장 71편)

 노스트라다무스 연구가 롤프 보즈웰에 의하면 '프랑스 기도서'가 제정된 것은 서기 355~374년이므로, 이 예언시에 기록된 아마겟돈의 시작은 1962~1981년이 된다. 즉, 1981년까지는 아마겟돈의 국면이 나타나기 시작하고 1999년에 최종적인 파국에 이른다는 것으로 풀이되는 것이지만, 현재까지 아마겟돈 전쟁의 국면은 아직 나타난 바가 없다.
 미국의 저명한 예언가 고오든 고리에는 1961년에 《1985년까지 우리는 살아 남을 수 있을까?》라는 저서를 발간하여, 1985년 7월 4일 세계의 종말이 온다고 주장하였으나 허무하게 지나가고 말았다.
 그의 주장에 의하면 20년 간격으로 취임하는 미국 대통령에는 반드시 불길한 운명이 따른다는 것인데, 그는 1860년 11월에 취임한 링컨이 5년 후에 암살된 것, 1880년에 취임한 거필드 대통령이 이듬해 사망한 사실, 1900년에 취임한 마킨레 대통령도 그 이듬해에 암살당했고, 1920년에 취임한 하아딩은 재직 3년 후에 급사, 1940년 재선된 루우스벨트도 재임중 급사했고, 1960년에 취임한 케네디는 달라스에서 암살되었다는 사실을 들어, 1980년에 취임하는 대통령은 재선된 후 1985년 7월에 인류와 함께 종말을 맞는다고 주장했으나 어디까지나 예상으로 끝나고 말았다.

또 20세기 최대의 예언가로 알려진 딕슨 부인은 미래에 대한 예언에서, 1980년 지구 전체에 인류의 종말을 알리는 전조가 큰 지진, 재해로 시작될 것이라고 주장했지만, 이것 역시 인류종말론적인 상황으로 확대될 가능성은 아직 없는 것이다.

딕슨 부인의 이 예언에서 연상되는 성서 구절이 있다.

〈또 이르시되 민족이 민족을, 나라가 나라를 대적하여 일어나겠고, 곳곳에 큰 지진과 기근과 전연병이 일겠고 또 무서운 일과 하늘로의 큰 징조들이 있으리라.〉(《누가복음》제21장 10~11절)

딕슨 부인은 또 이렇게 말하고 있다.

"1979년에 발발한 이스라엘 전쟁이 1988년까지 계속되며, 반(反) 이스라엘 진영의 전력이 약해진다. 이때 소련과 그 동맹국이 이스라엘로 진격하고, 이 상태가 1999년까지 계속된다."

딕슨 부인은, 이 아마겟돈 전쟁에서 소련이 고대 이집트의 역할을 하며, 한편 성서 시대의 유태 민족에 해당하는 역할을 지금의 이스라엘이 한다는 것이고, 영국·프랑스·일본·이탈리아·캐나다가 미국과 연합해 이스라엘 편에 서서 소련, 아랍의 동맹군과 대결한다.

하지만 그 무렵 미국은 이미 경제적, 군사적으로 허약해서 이스라엘측 연합군의 근거지는 로마에 마련되며, 오랜 격전 끝에 소련이 중동, 근동에서 핵무기를 대량 사용함으로써 세계는 종말을 맞을 것이라는 것인데, 오늘날의 국제정세와는 거리가 먼 예상으로 끝날 것이 분명하다.

아랍의 정복자──서전(緒戰)의 승리──아마겟돈 전쟁에서 주역을 맡을 정복자를 노스트라다무스는 '뱀'이라 불렀고,《묵시록》의 저자 요한은 이 정복자를 '거짓 선지자(先知者)' 또는 '두 개의 뿔이 있는 새끼양'이라 부르고 있다.

《묵시록》연구가들은 오래전부터 요한이 말하는 '거짓 선지자'가 마호멧을 가리키는 것으로 해석하고 있다. 알라 신의 위대한 예언자라고 하는 이 마호멧은 자신을 '도플 카르나인' 즉 '두 개의 뿔을 가진 자'라고 상징된 그 사람임을 자인하고 있다.(코란 제18장). 한편 두 개의 뿔을 지닌 모양의 초승달은 회교 세력의 상징인 것이다.

이 점은 7세기의 프랑스 예언자 성녀 오디일도 제2차대전 때 터어키가 연합군 쪽에 가담하리라는 예언을 '달의 두 뿔과 십자가가 결합하리라'는 표현으로 기록한 것으로도 알 수 있다. 그리고 성서 연구가들은 그 예언으로 보아 제2차 대전이 아마겟돈이 아님을 연역(演繹)해 냈던 것이다. 하워드 랜드는 그의 저서《묵시록의 연구》에서 '거짓 선지자'에 관하여 다음과 같이 말하고 있다.

"거짓 선지자란 마호멧을 가리키는 것으로 쉽게 판단할 수 있다. 마호멧 교도들은 '초승달과 별'을 그들의 상징으로 채택했다.

《묵시록》제13장 10절 이후에서 요한은 다음과 같이 기록하고 있다.

〈내가 보여 또 다른 짐승이 올라오니 새끼양같이 두 뿔이 있고……, 큰 기적을 행하되 심지어 사람들 앞에서 불이 하늘로부터 땅에 내려오게 하고……, 땅에 거하는 자들을 미혹하며……, 우상을 만들라 하더라.〉

다시 말해서 회교의 실제 창시자는 훌륭한 인물이며, 후세에 나타날 그의 한 교도에 해당하는 것으로서 마호멧은 아니라고 한다. 그는 대마술사로서 놀라운 기적(奇蹟)을 보이는 인물이며, 예수 그리스도의 경쟁자라고 요한은 말한다.

이것은 '그가 큰 헤르메스 연맹에 속하여 마법의 지팡이를 가지고 있다'는 노스트라다무스의 예언과도 일치한다.

하늘에서 번갯불을 치게 하고, 대자연의 힘을 마음대로 구사하는 이 정복자는 스스로 '구세주'라고 하면서 세계를 개혁하고 세계 평화를 이루려고 한다.

아랍의 군주 마르스, 산 비너스, 레오 교회의 주권은 바닷가에서 굴복하리라.
약 백만이 페르시아로 향하고
진짜 뱀은 콘스탄티노플과 이집트를 침략하리라(제5권 25편)

경건한 가톨릭 신자인 노스트라다무스가 말하는 '교회'는 항상 가톨릭 교회를 가리키는 것이다.

성지(聖地) 점령당하다

아랍의 정복자는 가톨릭 교회를 파괴할 뿐만 아니라, 성지 팔레스티나로 진격한다. 〈이리하여 유다도 또한 예루살렘에서 싸우리라〉고 한 《스가랴서(書)》의 예언은 이것을 말한다. 이집트를 침공한 정복자는 다시 리비아도 점령한다. 그는 예언자 다니엘이 말했듯이 종말 때에 어울리는 탐욕한 자인 모양이다.

〈그가 또 영화로운 땅(팔레스티나)에 들어갈 것이요, 많은 나라를 패망하게 할 것이나……. 그가 열국(列國)에 그 손을 펴리니 애굽땅도 면치 못할 것이므로 그가 권세로 애굽의 금·은과 모든 보물을 잡을 것이요, 리비아 사람과 구스 사람이 그의 시종이 되리라."《다니엘서 제11장, 41~43절》

"그러나 동북에서부터 소문이 이르러 그로 번민케 하므로 그가 분노하여 나가서 많은 무리를 다 살육하며 전멸코저 할 것이요, 그가 장막 궁전을 바다와 영화롭고 거룩한 산 사이에 베풀 것이나 그의 끝이 이르리니…….

그때에 내 민족을 호위하는 대군(大君) 미카엘이 일어날 것이요, 또 환란이 있으리니 이는 개국 이래 그때까지 없던 환란일 것이며 그때에 네 백성 중 무릇 책에 기록된 모든 자가 구원을 얻을 것이다."《다니엘서 제11장 44절~제12장 1절》

프랑스 국왕 앙리 2세에 보낸 편지 속에, 노스트라다무스는 이 시대에 대한 예언을 이렇게 썼다.

〈회교도에 의한 최초의 공략 이래, 자유의 도약을 열망하는 해변(영국과 미국)으로부터 새 침공이 있을 것입니다. 그들의 공격은 어쨌든 헛되지는 않을 것입니다. 아브라함의 거처가 있던 곳에서, 그것은 목성(木星) 밑에 태어난 사람들을 숭배하는 자들에 의해 공격받을 것입니다.……아주 오랜 시대에 걸쳐 큰 외경의 대상이던 그리스도의 성묘(聖墓)는 하늘의 별, 태양, 달빛 아래 밤이슬에 바랠 것입니다. 성지(聖

地, 베들레헴)는 크고 작은 가축의 우리로 바뀌고 그 밖의 비속한 용도에 쓰이게 될 것입니다.……〉
 그는 또 《제세기(諸世紀)》에 이 무렵의 점령군에 관한 것을 지적하고 있다.

 십자군 전사 사이에 괴로움이 있을 때
 성지에는 뿔 있는 소가 나타나리라.
 이윽고 성모의 집은 도야지로 넘치리라.
 신은 이미 그곳에 질서를 유지하지 못하리라(제8권 90편)
 [뿔 있는 소란 말은 《묵시록》에 있는 뿔 있는 새끼양과 마찬가지로 회교의 세력을 뜻한다.]

아랍군의 유럽 침공

 노스트라다무스는 지구 최후 전쟁의 경과를 다음과 같은 4행시로 예언하고 있다.

 리비아의 군주는 서방에서 힘을 떨친다.
 그는 아라비아에서 오리라……
 [아시아 세력의 후원을 받는 타타르의 정복자가 유럽에 침공할 것이다.]

 페즈로부터 지배권은 유럽 각국에까지 오리라.
 그들의 도시는 불타고 칼날은 울리리라.
 아시아의 대군주는 대군을 이끌고 육지와 바다를 메우며
 귀족과 신부와 십자가를 죽음으로 몰아 넣으리라.

프랑스인의 불화와 태만때문에
마호멧에게 길이 열리리라……
　[프랑스는 최초로 정복되는 유럽의 나라가 될지도 모른다.]

아시아인은 자리에서 일어나리라.
그는 프랑스가 보이는 아펜닌 산맥을 넘으리라.
그는 하늘을, 물을, 눈을 돌파할 것이다.
그리고 그는 지팡이로 온갖 기쁨을 두드리리라.
　[그는 강력한 공군을 보유하고, 아마도 겨울철에 진격할 것으로 보인다.]

영국쪽 서구 각국의 가장 은밀한 땅
그곳에 영국 여러 섬의 두령이 머물게 되리라……
　[영국은 아시아인의 공중 기습을 피하기 위해, 정부를 유럽 대륙으로 옮긴다.]

무섭고도 거대한 구체[球體] 속에
살아 있는 불은 죽음을 지닌 채 남겨진다.
밤중에 함대는 파리를 폐허로 만들리라.
불붙은 도시를 적은 그대로 버려 둔다.
　[프랑스는 공중 공격을 받고 파리는 파괴되고 만다.]

글자에 조예 있는 그는 짐짓 겸손을 보이며,
아랍어를 프랑스 말로 번역시키기도 한다……
　[프랑스를 정복한 아랍의 정복자는 프랑스의 문화를 수입한다.]

아프리카의 용자는 동양에서 오리라
아리아 바다의 물결을 일으키고, 로무르스의 후손을 괴롭
히기 위하여
리비아 함대를 이끌고……
말타는 두려워 떨고 이웃 섬들은 텅 빈다.

나폴리・팔레르모・시칠리아・시라쿠사
새 폭군들, 하늘에는 전광, 불……
나폴리・팔레르모, 그리고 시칠리아 선도(全島)가
이교도의 손에 차지되리라.
[노스트라다무스는 회교도에 한해서 이교도라고 부른다.
아랍의 침공은 계속된다.]

라인 강에서, 다뉴브 강에서 큰 낙타는 물을 먹으리라.
그리고 그것을 후회하지 않으리라……
[아랍 군은 독일에도 진격할 것이다.]

신의 교회는 박해 받는다.
거룩한 성당은 약탈당한다.
아기는 어머니를 속옷 바람의 알몸으로 만들리라.
아랍인은 폴란드인을 도우러 오리라
(독일의 오랜 적국들은 아랍 쪽에 가담하고 있다.)

전세는 역전(逆轉)하다

하지만 이 무렵 전세(戰勢)는 역전되기 시작한다. 예언시

의 전황(戰況) 전망은 다음과 같다.

  트로이카의 피를 받은 독일의 용자가 나타난다.
  그는 매우 강대한 세력이 될 것이다.
  그는 이국인인 아랍인을 구축하고
  그리스도교를 옛날의 지위로 회복하리라.
  [그리스도교 쪽, 민주주의 진영이 전세를 회복하기 시작한다.]

  큰 아랍인은 앞으로 앞으로 행진하리라.
  하지만 콘스탄티노플 사람들에게 배신당한다……
  [정복자가 무력으로 점령한 그 자리에 어느덧 함정이 생긴다.]

  로도스의 백성은 도움을 찾는다.
  그들의 후손들이 수시로 버림받아……
  아랍 제국은 그 진로를 다시 검토하리라.
  문제의 씨앗은 헤스베리아인들의 손으로 제거된다.
  [헤스베라아인은 프랑스의 서쪽바다 너머 땅에 사는 사람들, 즉 미국인을 말한다. 미군의 원조로 이 시대가 구제받게 된다.]

  십자가, 평화, 성취된 신의 말씀으로
  스페인과 프랑스는 결합되리라.
  큰 재앙은 가깝다. 대격전이……
  아무리 단단한 넋도 두려워 떨리라.

검은 곱슬머리의 사나이는 병기로써
무자비하고 오만한 자들을 굴복시킨다.
위대한 Chyren은 마호멧의 군기 밑에서
모든 포로를 구출하리라.
(Chyen은 프랑스의 왕 이름을 뜻하는 Henry의 파자로 보인다. 즉 프랑스의 지배자가 정복자를 타도한다.)

위대한 오그미옹은 콘스탄티노플에 육박한다.
이교도 연맹은 구축될 것이다.
(오그미옹은 프랑스의 헤라클레스를 가리키는 것이라고 한다.)

아마겟돈의 종결

노스트라다무스 연구가로 유명한 스튜워드 로브는 아마겟돈 전쟁의 종결을 주로 성서의 〈묵시록 예언〉을 통해 내다보고 있다. 그는 대부분의 묵시록 해설자들이 유프라데스 강은 오스만 터어키 제국을 상징하는 것으로 보고 있다. 즉, 유프라데스 강이 마르려 한다는 묵시록의 말은 오스만 터어키의 세력이 끝남을 상징하는 것으로 해석한다. 노스트라다무스가 아랍 군주는 콘스탄티노플을 본거지로 지배한다고 했다.
"하느님 곧 전능하신 이의 큰 날에 전쟁을 위하여 그들을 모으더라."
묵시록은 아마겟돈의 들에서 격전이 전개된다고 예언하고 있다.
〈일곱째 천사가 그 분(盆)을 공기 가운데 쏟으며 큰 음성이 성전에서 보좌로부터 나서 가로되 되었다 하니······〉(《묵

시록》제16장 제17절)

아마겟돈의 종결은 자연의 무서운 이면으로 막을 내린다고 요한은 기록하고 있다.

〈번개와 음성들과 뇌성이 있고 또 큰 지진이 있는데 어찌도 큰지 사람이 땅에 있어 온 이래 이같이 큰 지진이 없었더라.〉(《묵시록》제16장 18절)

노스트라다무스는 그의 편지에서 다음과 같이 쓰고 있다.

〈10월에 큰 이변이 일어날 것이다. 그것은 지구의 자연 운동이 영원한 어둠 바닥에서 없어진 듯한 대이변일 것이다. 봄철에는 충격적인 전조가 나타나고 극도의 이변이 이에 이를 것이다. 나라들의 전복, 대지진……. 이윽고 큰 지진이 일어나 사물의 기억은 헤아릴 수 없도록 없어질 것이다.〉

〈여호와의 만국을 벌할 날이 가까왔나니……, 너희가 내 성산(聖山)에서 마신 것같이, 만국인이 항상 마시리니 곧 마시고 삼켜서 본래 없던 것같이 되리라. 오직 시온 산에서 피할 자가 있으리니 그 산이 거룩할 것이요. 야곱 족속은 자기 기업(基業)을 누릴 것이며 야곱 족속(이스라엘)은 불이 될 것이요, 요셉 족속(영국과 미국)은 불꽃이 될 것이며, 에서 족속(아시아 세력)은 초개가 될 것이다. 그들이 그의 위에 붙어서 그들을 사룰 것인즉 에서 존속에 남은 자가 없으리니 이는 여호와께서 말씀하셨나니라.〉(《오바댜서》제1장 15~18절)

예언자 아사야는 대전쟁의 결과를 큰 기쁨으로 외치고 있다.

〈시온이여, 깰지어다, 깰지어다. 내 힘을 입을지어다. 거룩한 성 예루살렘이여, 내 아름다운 옷을 입을지어다. 이제부터 할례받지 않은 자와 부정(不淨)한 자가 다시는 내게로 들어옴이 없을 것이다. 너는 티끌을 떨어 버릴지어다. 예루살렘이여, 일어나 보좌에 앉을지어다. 사로잡힌 딸 시온이여, 네 목의 줄을 스스로 풀지어다.……좋은 소식을 가져오며 평화를 공포하면……시온을 향하여 이르기를, 네 하느님이 통지하신다 하는 자의 산을 넘는 말이 어찌 그리 아름다운고, 들을 지어다. 너의 파수군(명령을 지킨 자)들의 소리로다. 그들이 소리를 높여 일제히 노래하니 이는 여호와께서 시온으로 돌아오실 때에 그들의 눈이 마주봄이로다. 너 예루살렘의 황폐한 곳들아, 기쁜 소리를 발하여 함께 노래할 지어다. 이는 여호와께서 그 백성을 위로하셨고 예루살렘을 구속하였음이라. 여호와께서 열방(列邦)의 목전에서 그의 거룩한 팔을 나타내셨으므로, 모든 땅 끝까지도 우리 하느님의 구원을 보았도다.〉(《이사야서》 제52장 1~10절)

  노스트라다무스도 이 '초승달'에 대한 '십자가'의 극적인 승리를 그나름의 독특한 말로 그리고 있다.

    세 땅에 살기 위한 새 법률
    시리아·유태·팔레스티나를 위해……
    커다란 이교도의 제국은 쓰러지리라
    달이 그 주기(周期)를 채우기 전에……

3. 1999년 종말론

사로잡힌 인어(人魚)

 1973년 4월 7일 카이로의 〈아르곰호우리아 신문〉은 해변에 누운 괴물의 사진을 곁들여, 어부들이 인어를 사로잡았다고 보도했다. 사진에서 보면 인어라기 보다는 어인(魚人)이라고 부르는 편이 알맞을 이 괴물은 상체(上體) 부분은 물고기이고 하반신은 사람의 허리와 다리의 모양을 하고 있는데, 어부들은 그물에 걸린 그 괴물을 일단 해변에 끌어올렸다가 무슨 재앙이 뒤따르지나 않을까 하는 생각에 곧 바다에 놓아주었다고 한다.
 역사상 인어가 실제로 붙잡혔다는 기록은 아직까지 한 번도 없었기 때문에 이 보도는 사람들의 눈을 휘둥그렇게 만들었는데, 어쩐 셈인지 그후로는 이 인어에 관한 아무런 보도도 없었다.
 하지만 인어라는 이 괴물의 소식은 보통의 토픽 뉴스와는 다른 어떤 불길한 조짐 같은 것으로 공포를 불러일으키기에 충분했다. 그 때문만은 아니겠으나 이 무렵부터 세계의 종말이 임박했다는 이야기가 세계적으로 부쩍 심각하게 번지고 있다.

물론 여기에는 제2차 대전 후, 각국이 상당 수준의 경제 부흥을 이루고도 부단한 국제 긴장과 전쟁 공포에 시달려온 사람들의 위기 의식 또는 좌절감이 보다 원천적인 동기가 되고 있다. 미국이나 유럽에서는 이미 1960년에, 후반기부터 '인류 종말의 예언'에 대한 관심이 비등해지고 있다.

전후 잠잠해졌던 노스트라다무스의 《제세기(諸世紀)》 예언이 다시금 사람들의 화제를 차지하게 되었다. 이 같은 분위기 속에 뜻하지 않던 '인어의 출현' 소식이 전해진 것이다. 여태까지 하나의 농설(弄說)로 밖에는 보이지 않았던 예언시(《제세기》 제3권 21편)가 갑자기 충격적인 의미로 우리를 짓누르게 된 것이다.

문제의 예언시는 다음과 같다.

아드리아의 바다를 거쳐 크루스타인에
무서운 물고기가 나타나리라.
그것은 한 마리의 기이한 인어
낚시 아닌 것으로 붙들리게 되리라.

이 4행시는 여태까지 불가해(不可解)한 것으로 여겨져 왔다. 인어란 원래 상상의 동물이며 바다에 사는 쥬공(물에 사는 포유류의 하나)을 잘못 본 낭설로 밖에는 인어의 존재를 믿을 수 없는 일이었기 때문이다.

하기는 여기에 이론(異論)의 여지가 없지는 않다. 일본의 타까끼(高木樹光)씨가 주장하듯이, 예언시의 인어는 '상반신이 사람, 하반신이 물고기'인데, 카이로의 신문이 보도한 인어는 그 모양이 다르다는 것이다. 즉, 원시(原詩)에는
De face humain & de corps aquatique

라고 언어의 형태가 밝혀져 있으며, 이와 다른 모양의 괴물은 노스트라다무스의 예언과는 상관없다고 주장한다.

하지만 누구의 입으로나 언어로 불리기에 충분한 괴물이 예언된 지점에서 그것도 낚시가 아닌 그물로 붙들렸다는 사실, 그것은 역시 어떤 큰 이변(異變)의 징조로 보여지기에 별로 부족할 것은 없음직하다.

인류 멸망의 날을 밝힌 예언시

1999년 7월에 인류가 멸망한다고 예언한 것으로 보이는 문제의 4행시는 《제세기》의 제10권 72편에 실려 있다.

1999의 해, 7의 달
하늘에서 공포의 대왕이 내려오리라.
앙골모와의 대왕을 부활시키기 위하여
그 전후의 기간, 마르스는 행복이란 이름으로 지배하리라.

L'an mil neuf cens nonante neuf sept mois,
Du ciel viendra un grand Roy d'effrayeur,
Resusciter le grand Roy d'Angolmois,
Avant apres, Mars regner bon heur.

노스트라다무스는 이 시에서 단적이고 매우 솔직한 표현을 쓰고 있다. 꽤 충격적인 사태를 예언한 경우, 그가 즐겨 쓰는 비유나 분식(粉飾)을 일체 피하고 진지한 자세로 인류에게 중대 경고를 하고 있다. 특히 인상적인 것은 사태가 발생한 시기를 숫자로 분명히 밝힌 것인데, 그의 예언시에 이런 예는 1천여 편을 통털어서 좀처럼 보기 드물다.

한편, 이 시가 들어 있는 《제세기》 제10권은 주로 20세기의 문제를 지적한 예언들이 차지하고 있는데, 이 시의 앞뒤에 배치된 예언시의 내용으로 보아도 그가 얼마나 예언을 중대시했는가를 짐작할 수 있다. 즉, 제10권의,

61~62편은 헝가리 동란
66편은 미국에 눌리는 영국을
67편은 대지진의 발생을
68편은 중동(?) 지역의 석유에 의한 바다의 오염과 국지전 생을
71편은 인류 멸망의 전조(前兆)로 나타날 '대지도 대기도 냉각하는' 사태를

그리고 73편은 맨 끝으로 돌리고서, 72편 다음에는 〈큰 이변이 있은 지 1천년 이내에 죽은 자들이 무덤에서 나온다〉는 74편을 게재하고 있다.

1999년 7월

이 4행시의 첫머리에 밝혀져 있는 내용을 근거로 얼마 전부터 '1999년 7월에 인류의 종말이 올 것이라'는 해석이 세계적으로 퍼지고 있다. 미국의 대예언자 역시 이때에 인류 최대의 수난이 있을 것이라고 예언하고 있으며, 많은 노스트라다무스 연구가들의 견해도 거의 일치하고 있다.

다시 말해서 앞으로 불과 몇 년 후에 지구상의 인간은 거의 멸종하는 참극이 벌어진다는 것이다. 과연 그럴까? 그것은 모른다. 여태까지 놀라운 적중률을 보여 온 예언자의 그것도 시기를 밝힌 예언이고 보면 두려움부터 앞서는 이야기

이기도 하다.
 그런데 그 '시기'에 대해 다음과 같은 몇가지 견해가 있는 것이다..
 ① 1999년 7월이 아니라, 1999년+7개월, 즉 서기 2000년 7월이다
 ② 1999년+325년, 즉 2325년 7월이다.
 ①의 주장은 그렇게도 풀이될 수 있다는 입장에서이고, ②의 주장은 서양에서 노스트라다무스 연구의 제1인자로 알려진 헨리·C·로버트에 의한 것인데, 그의 예언은 니가에아에서 '그레고리우스 종교회의'(이 회의에서 해양력이 채용됨)가 개최된 서기 325년을 기적으로 연도를 기록했다는 견해 때문이다(이 주장에 동조하고 있는 사람도 많다).

〈공포의 대왕〉이란!

 문제의 예언시에서 제2행의 〈공포의 대왕〉은 과연 무엇을 가리키는가. 인류의 파멸을 가져올 공포의 실상은 대개 다음과 같은 몇가지로 추정되고 있다.
 ① 대공습(大空襲) : 20세기 전반까지 노스트라다무스 연구가들은 대부분 항공기에 의한 공격 또는 폭탄이 '공포의 대왕'이라는 표현과 어울리는 것으로 믿었다. 그러나 오늘날에는 이 공습설(空襲說)이 거의 사라졌다.
 ② ICBM(大陸間 핵미사일) : 핵미사일을 보유한 미소 강대국간의 전면 충돌 가능성은 공산주의의 붕괴로 무산되었다. 냉전의 종식과 함께 핵탄두의 해체작업이 진행되고 있으므로 현재로서는 ICBM이 '공포의 대왕'으로 인류를 멸망시킬 가능성은 없다고 추정할 수 있다고,

③ 인공 위성(人工衛星) : 궤도를 돌고 있는 인공 위성으로부터 고의 또는 사고로 핵폭탄이나 레저 광선이 지구에 쏟아져 내리라는 것이다. 미국과 소련을 비롯한 선진 각국에서 발사한 인공 위성은 상당수에 이르고 있다. 컴퓨터·레이다·카메라 등 정교한 기재를 싣고 지구상의 군사 기지를 감시하고 있는 군사용 위성과 정보통신용 상업위성도 매년 증가되고 있다. 이러한 군사용 위성에 핵무기나 광선 무기가 적재된다면 심각한 문제가 아닐 수 없으나 현재로서는 적대적 국가가 없어지고 있으므로 비관적인 추정은 불필요하게 되었다. 미국의 허드슨 대학의 교수이며 군사 기술 전문가인 D·C·브레난 박사는 컴퓨터에 의한 예측으로서, '20세기 말에는 중국과 프랑스의 군사 위성도 대량 발사되어, 우주 궤도상에도 4강(強) 시대가 올 것이다'는 결론을 내린 바 있다.

④ 혜성 충돌(彗星衝突) : 헨리·C·로버트는 엄청난 크기의 혜성이 지구에 충돌하는 사태가 '공포의 대왕'을 가리키는 내용이라고 주장하고 있다.

그런데 노스트라다무스는 《제세기》 제2권 43편에 '머리를 풀어헤친 별'이라고 하여 혜성의 충돌을 이미 예언한 바 있고, 또 그 시와는 전혀 다른 뉘앙스로 표현되어 있는 점으로 보아 이 '공포의 대왕'은 아무래도 혜성보다도 훨씬 인위적인 공포를 말한 것으로 믿어진다.

⑤ 우주인(宇宙人)의 내습(來襲) : 프랑스의 클로오드 루드위크 등은 제4행의 '마르스의 지배'와 관련시켜 '공포의 대왕'은 우주인이라고 주장하고 있다.

그러나 이같은 견해는 아무리 생각해도 공상적(空想的)인 것으로서, 비록 먼 장래의 예측할 수 없는 사태임을 전제한다고 해도 쉽게 수긍이 가지 않는 이야기다.

⑥ 초광화학(超光化學) 스모그 : 대기 속에 확산된 매연(煤煙)·배기(排氣)가스 등이 수증기와 혼합되어 만들어지는 스모그 현상은 이미 나타나기 시작했다. 과학자들의 주장은 1970년대 초에 벌써 3천만톤의 오염 물질이 세계의 하늘에 방산(放散)되어 있으며, 80년대에는 적어도 1억톤 이상으로 증가할 것이라고 예상했는데 이것이 사실상 확인되고 있다. 지구의 상공을 덮은 이처럼 엄청난 오염 물질이 중력(重力)의 한계를 넘어 한꺼번에 지상으로 쏟아져 내린다면 인류는 그 길로 끝장이 날 것이다. 쏟아지지는 않고 서서히 내려오는 경우에도 결과는 마찬가지다.

'공포의 대왕'이 오염 물질에 의한 초광화학 스모그, 즉 '대기의 초오염(超汚染)'을 말한다는 해석은 노스트라다무스가 다른 데서 세계의 파멸을 지적한 예언과 비추어 볼 때, 그 신빙성이 더욱 높아지는 것이기도 하다.

볼스크들의 괴멸은 결렬하고도 처절하다.
그들의 거대한 도시는 썩고 업병(業病)으로 가득찼다.
태양과 달은 빼앗기고 그들의 전당은 무너지며
두 흐름은 피로 붉게 물들리라.

'볼스크(Volsques)'는 유럽인의 선조. '업병'이란 악업(惡業)이 빚은 난치병(難治病). '두 흐름'은 대적(對敵)하는 두 진영을 뜻하는 것으로 보인다. '태양과 달은 빼앗기고'는 바로 오염된 대기가 일광이나 달빛을 가리는 초광화학 스모그 현상을 지적한 것일 것이다.

새로운 도시의 곁에 있는 세계의 낙원
지하로 파내린 산으로 가는 도로 가운데서
사람들은 습격받고 탱크 속으로 가라앉아
원치 않는 유황의 독수(毒水)를 마셔야만 한다.

'도시 곁에 있는 낙원'은 요즈음 대도시 근교(近郊)에 흔히 있는 환락지(歡樂地). '지하로 파내린 산'은 지하실이 있는 맨션이나 호텔[헨리·C·로버트의 해석]. '유황의 독수'라는 표현은 인상적이다. 유황의 독수는 본래 천연 상태로 있는 것이 아니라, 유황이 일단 연소해서 생긴 아황산 가스가 수분과 결합해서 되는 것으로서, 현재 자동차의 매연 따위로 오염된 해수(海水)나 하천(河川) 밖에는 그런 것이 없기 때문이다.

달아나라, 달아나라, 모든 쥬네브로부터 달아나라.
황금의 사튀르스는 철(鐵)로 바뀌리라.
거대한 빛에 반대되는 것이 모두를 절멸(絶滅)시킨다.
그 전에 큰 하늘은 징조를 보일 것이되‥‥

'모든 주네브'는 국제성이 있는 모든 도시. 제2행은 종래에는 고귀한 합금(合金)으로 쓰이던 연화합물(鉛化合物)이 냉혹한 무기로 바뀌어 인류를 해친다는 뜻. '거대한 빛에 반대되는 것(Le contre Raypoz)'은 광선을 막는 검고 두터운 구름, 즉 매연(煤煙), 방사능 때문에 오염된 대기를 가리키는 것으로 믿어진다. 〈하늘에 재앙을 알리는 징조가 미리 나타날 것이다〉라는 제4행의 내용으로 볼 때, ICBM이나 강력한 레이저 광선을 가리킨다는 풀이보다는 초오염으로 해석하는

편이 더 자연스럽다. 그런데 다음과 같은 예언시도《제세기》
에 들어 있는 것으로 보아, 노스트라다무스가 본 '인류 멸망
의 때'는 초오염과 핵폭발이 겹친 것이 아닐까 하는 생각도
든다.
 사실 이 두 재앙이 동시에 지구를 덮치지 않으리라는 보장
도 없다.

 하늘은 540회 불탄다.
 불길은 거대한 대도시에 육박하고
 모든 것은 순식간에 불타 버린다.
 그들이 노르만을 심판하려 할 때에‥‥

 '노르만'은 영국인, 프랑스인과 일부 북유럽인의 선조를
뜻한다. 제4행은 아마도 노르만에 대립하는 세력이 공격을
시작해 최종 전쟁으로 발전될 것을 지적한 것이겠다.
 이 예언은 지구 전면에 걸친 연속적인 화산 폭발을 지적한
것으로 여겨지기도 하나, 아무래도 인위적인 대규모 공습이
나 핵미사일 따위의 폭발을 가리킨 것으로 보는 견해가 더
유력하다.
 최종 전쟁에서는 거침없이 사용될 수도 있는 핵무기. 그것
은 엄청난 방사능으로 대기를 순식간에 '공포의 대왕'으로
오염시키고 말 것이다.

 〈앙골모아 대왕〉의 폭동

 하늘에서 '공포의 대왕'이 내려오고 그 결과 '앙골모아의
대왕'이 부활한다고 예언시에는 밝혀져 있다. 그러면 이 대

왕은 또 무엇인가?

앙골모아란 자클리〔Jacquelie : 1358년 프랑스의 농민이 일으킨 대규모 폭동〕의 별명으로서 '민중의 대폭동'을 뜻한다는 해석이 지배적이다. 헨리·C·로버트나 스튜어트 로브는 숫제 이 말을 '자클리'로 바꾸어 영역(英譯)하고 있을 정도이다.

백년전쟁(1338~1453)으로 황폐한 프랑스에서 일어난 자클리는 처음에는 정의를 부르짖는 반도였으나, 나중에는 어린아이도 빼앗아다 구워먹을 만큼 잔학한 폭도로 변했던 것이다. ICBM에 의한 것이든, 초광화학 스모그에 의한 것이든 공포의 대왕이 인류의 태반을 죽음에 빠뜨릴 때, 절망적인 민중이 이성을 잃은 폭도로 변할 가능성은 충분한 것이다. 그것은 전쟁 지도자에 대한 분노에서일 수도 있고, 오염 물질을 방산(放散)하는 산업 시설 등에 대한 파괴에서 확대할 수도 있다.

제4행에 있는 '마르스의 지배'라는 말은 그날의 사태를 더욱 실감 있게 예측시켜 준다. 대규모 폭동으로 국내 질서가 흔들릴 때 군대를 동원하는 것은 거의 상식이고, 그 군대가 '행복이라는 이름'을 앞세우리라는 것도 충분히 예상되기 때문이다.

한편, 공포의 대왕이 ICBM의 교전(交戰)을 뜻하는 경우라면 '마르스의 지배'란 군국주의에 의한 국론(國論)의 통제 또는 지배를 가리키는 것으로 해석될 수 있다.

4. 비록 종말이 임박했을지라도

예언의 실현율(實現率)

　예로부터 유명한 예언자는 하나 둘이 아니고 예서서도 많이 전해지고 있다. 하지만 모든 예언이 반드시 실현된 그런 예언자나 예언서는 아직 없다.
　16세기의 대예언자 노스트라다무스의 경우도 예외는 아니다. 그의 예언이 4백여년이 지난 오늘날의 일까지도 여러 가지 지적했다는 점에 대해서는 놀라움을 금할 길이 없지만, 그렇다고 하여 그의 예언이 앞으로도 예외없이 모두 실현되리라고 믿는 것은 일종의 광신(狂信)에 지나지 않는다. 노스트라다무스의 《제세기(諸世紀)》 제1편의 전반(前半)만을 살펴보더라도 이미 명백히 빗나간 것으로 보이는 예언시가 들어 있고, 또 무슨 뜻인지 알 수 없는 내용도 여러 편 있는 것이다. 이를테면 제1권 6편의 예언시가 그것이다.

　　라벤나의 눈은 빈곤에 시달리리라.
　　날개가 그 발 위로 오를 때
　　브레스 시의 두 사람은 폴린과 베니스를 건설하고
　　프랑스인에게 유린당하리라.

프랑스가 베니스를 정복하리라는 예언이다. 하지만 오늘날까지 그런 일은 실현되지 않았다. 앞으로 그런 일이 생길지도 모른다고 여긴다면 그뿐이겠으나 '베니스의 건설'과 '프랑스에 의한 유린'이 함께 실현될 것으로는 믿기 어렵다.

더구나 옛날의 예언은 그 표현에 파자(破字)・비유・분식(粉飾) 등을 쓴 것이 많아, 여러가지로 그 해석이 불가능한 경우가 적지 않다.

《제세기(諸世紀)》의 재검토

노스트라다무스가 《제세기》 제10권 72편에 남긴 4행시는 1999년 7월, 인류에게 파국적인 재앙이 닥친다는 예언으로 해석될 수 있음도 사실이다. 그러나 이 한 편의 예언시만을 가지고 절망을 되씹기 전에 우리는 좀더 자세히 이 《제세기》 전체를 살펴 볼 필요가 있지 않을까.

여기서 먼저 눈에 띄는 것이 제1권 49편의 예언시다.

이러한 일이 일어나기 훨씬 전에
동양의 사람들은 달의 위대한 힘에 의하여
1700년에 대군을 일으켜
북녘의 대부분을 정복하리라.

1700년이라면 우리나라에서는 이조 숙종 때이며, 노소당론(老少黨論)이 일기 시작한 지 얼마 안 되던 무렵이다.

달은 중국의 상징으로 쓰인 예가 다른 예언시에도 보이므로 '동양의 사람들'은 중국을 가리킴이 분명하다. 그런데

1700년 때의 중국은 청나라 강희제(康熙帝) 시대이며, 이 무렵의 중국은 문화적으로는 거의 절정에 있었다고 할 수 있으나 군사·외교 부문에서는 비교적 약세에 있었다고 하겠다.

이 시대를 전후해서 중국이 대군을 일으켜 북방을 침략했다는 사실은 아무리 찾아보아도 역사의 기록에는 없다.

여기서 주목되는 것은 원시(原詩)의 제3행 L'ans mil sept cens feront grands emmences가 헨리·C·로버트에 의한 영문에는 In the year 2025, shall carry away great multitudes로 번역되어 있는 사실이다. 어째서 노스트라다무스 연구의 세계적 권위자인 로버트가 이런 오역(誤譯)을 했을까. 이것은 그의 실수가 아니라, 로마 교회가 정식으로 태양력(太陽歷)을 채용한 서기 325년을 노스트라다무스 원년으로 삼아 '예언시'에 나타난 연수를 계산하는 그의 해석에 의한 것이다. 다시 말해서 로버트는 2025년에 중국이 지금의 소련을 침략하리라는 예언으로 이 4행시를 풀이하고 있다.

이 로버트의 해석에 따르면 1999년은 2324년이 되고, 그때 인류에게 무서운 파국이 닥치리라는 이야기가 된다.

1999년 7월에 종말이온다고 주장하는 사람들은 로버트의 해석을 비난하지만,《제세기》제1권 49편의 4행시에 대해서는 만족할 만한 설명을 못하고 있는 것이다.

또 하나 주목을 끄는 부분은《제세기》에 실려 있는 산문(散文)이다.

"……그러나 가끔 예언의 본능이 촉발(觸發)되어 나는 서재에 틀어 박혀서 오랜 시간의 계산을 계속하였다. 그 결론이 이 예언서다.

이 책은 한 권에 1백편씩의 점성학적 예언시가 들어 있다.

나는 일부러 이 예언시들의 순서를 뒤바꾸어 놓았는데, 어쨌든 이것은 금년부터 3797년까지 계속해서 일어날 사건들의 예언이다. 이와 같이 장기간(長期間)에 걸쳐서 하늘의 달 아래 있는 모든 것의 움직임을 내가 빠짐없이 내다보았다는 점에 대해서는 눈쌀을 찌프리는 사람이 있을지도 모르지만……"

 노스트라다무스가 아들 제자르 노스트라다무스에게 보내는 편지로서, 이 산문의 끝에는 '1553년 3월 1일'이라는 날짜가 적혀 있다.
 이 글에서 노스트라다무스는 분명히 3797년까지의 세상 일을 예언한 것임을 밝히고 있다. 이 세계가 1999년에 종말을 고한다면 나머지 2천 4백년간의 일은 대체 누구를 위한 무슨 예언이라는 것일까.
 그러고 보면 1999년 또는 2324년에 인류는 멸망한다는 예언으로 본 제10권 72편의 해석은 과장된 것이라는 이야기가 될 수밖에 없다. 기껏해서 과거에 볼 수 없었던 만큼의 무서운 재해가 일어날 것이라는 해석이 가능할 따름이다.
 인류의 종말이 임박했음을 지적한 예언으로 가장 신빙성이 높다는 노스트라다무스의 《제세기》가 이런 정도라면 그밖의 예언에 의해 성급하게 허탈감(虛脫感)에 빠질 필요는 없는 것이다.

아더 포오드의 예언

 세계적으로 유명한 예언자 중에는 보다 낙관적인 눈으로 미래를 말한 사람도 여러 명 있다. 영능력(靈能力)에 의한 예언으로 유명한 미국의 아더 포오드(1896~1971)도 그 중

의 한 사람이다. 그는 1924년 이래 죽은 사람들이 영(靈)과
교신하고 있었고 공개 석상에서도 여러 가지로 그러한 능력
을 실험해 보이곤 했다.

그는 케네디 대통령의 암살을 수년 전부터 예언했고 닉슨
의 대통령 취임도 미리 알고 있었다. 그는 죽기 전에 미래에
대한 예언을 루스 몽고메리라는 여성 기자에게 기록시켰다.

그가 예언한 미래는 대략 다음과 같다.

① 아랍과 이스라엘의 관계―― 앞으로 이들의 관계는 더
욱 심각해지며 서로 협조하는 일은 결코 없다. 이 문제는 당
사국뿐만 아니라 인류 전체가 공통된 위기 의식을 가지고 해
결에 노력하지 않는 한 호전될 가망은 없다. 하지만 세계 대
전으로 발전하는 일은 없을 것이다.

② 이상기온 현상―― 세계 각지에서 기상(氣象)의 급격한
변화가 나타난다. 추운 지대는 더 추워지고, 열대 지방은 기
온이 더 올라간다.

③ 지각(地殼)의 변동 등―― 캘리포오니아 주의 해안 지
대와 뉴욕의 맨하턴 등이 해저로 가라앉는다. 최초의 위험
지대는 캘리오포오니아의 산 안데레아스가 될 것이며, 이 지
역의 변동이 차츰 각지에 파급(波及)하게 된다.

그리고 21세기 초에는 세계의 정부 형태와 국제 관계에 큰
변동이 나타날 것이다.

인류의 예지(豫知)

인류의 멸망은 장차 언젠가는 올 것이다. 이것은 생물 진
화의 법칙으로 보아도 피할 수 없는 결론이다. 그러나 그러
한 파멸은 가까운 장래에는 닥치지 않을 것이다. 독일의 철

학자 그라프 헤르만은 "인간 개인은 참으로 어리석은 생물이다. 그러나 인류는 그 어리석음을 커버하는 신비스러운 예지가 있다."고 말했는데, 이 말은 충분히 음미할 가치가 있는 것이다. 과거를 멀리 거슬러 오를 필요도 없이 우리는 인류의 예지가 절망적으로 보이는 위기를 극복해 낸 사실을 쉽게 발견할 수 있다.

이를테면 오늘날 에너지원(源)의 중심이 되고 있는 석유는 곧 바닥이 날 것이라는 예측이 20여년 전부터 심각하게 나돌았다. 당시의 예측에는 그럴 만한 과학적인 근거가 있었다. 하지만 세계의 석유 매장량이 거의 바닥이 났어야 할 요즈음, 소비량은 엄청나게 증대했는데도 앞으로도 30년간 정도는 넉넉히 지탱할 것이라고 한다. 과학 기술의 발달로 종래에 짐작하지도 못했던 큰 유전(油田)이 계속 발견되고 있기 때문이다.

한편, 석탄을 액화하여 석유와 같은 액체 연료로 만드는 기술도 개발되고 있는 것이다. 어떤 중요한 자원이 바닥이 날 무렵에 인류는 이에 대치할 만한 다른 자원을 발견하기도 하고 새 기술을 개발하여 그때마다 문제를 해결하고 있는 것이다.

식량 문제도 또한 그리하다. 기하급수적으로 증가하는 세계의 인구는 머지 않아 인류를 엄습할 대기근을 예상시키지만, 인류는 과연 그러한 비극을 가만히 당하고만 있을까.

남극 부근의 바다에 매년 무진장으로 생겼다가 그대로 사멸하는 프랑크톤이 최근 크게 각광을 받기 시작했는데, 이것은 장차 풍부한 단백질원(蛋白質源)으로 이용될 가능성이 충분하고, 또 크로레아 등 증식률이 매우 높은 바다말(藻類)도 가축의 사료로 이용될 날이 멀지 않을 것으로 전망되고 있다.
 이런 것들의 실용 가능성은 앞으로 두고 볼 일이겠지만, 적어도 어떤 해결책을 인류의 예지에 기대함은 한낱 부질없는 꿈이라고만 할 수 없을 것이다. 대기 오염과 핵전쟁이 가져올 파멸에 대해서도 마찬가지다.
 어떤 우발적 사고에 의한 핵폭발의 위험성은 벌써부터 예상되어 왔었다. 하지만 호전성(好戰性)을 규탄받고 있는 일부 핵보유 국가에도 핵무기 사용을 억제하려는 노력은 나타나 있으며, 앞으로도 핵무기가 무제한 사용되는 전쟁은 좀처럼 일어나지 않을 믿을 만한 근거도 없지 않은 것이다.
 오늘날 세계에는 인류를 10여회 이상 전멸시키고도 남을 핵무기가 이미 배치되어 있으며, 만일 전면적인 핵전쟁이 일어날 경우 인류는 10여일 동안에 전멸되고 만다. 비록 외딴 원시림에 숨어 사는 사람들이라도 하늘로부터 내려오는 방사능때문에 얼마 후에는 전멸할 수 밖에 없는 것이다.
 적에 대해서 뿐만 아니라 동시에 자멸(自滅)을 가져올 핵무기는 그 가공할 파괴력때문에 오히려 그 사용이 끝까지 억제되리라고 기대할 수는 없는 일일까. 오염 물질에 의한 대기·해수(海水) 등의 오염이 인류의 생존을 위협하고 있는 사태에 대해서도 또한 마찬가지다. 너무도 분명한 자멸을 인류는 결코 이대로 강행하지는 않을 것으로 믿어진다.

제 2부
시간과 공간의 벽을 넘어서

―예감과 예지능력

1. 어느 작곡가의 초능력 체험

 나의 이름은 엘모 라스, 미국인이다. 작곡을 통한 음악 활동이 나의 직업이며, 내가 지휘하는 보드빌 악단은 주로 뉴욕에서 활동하고 있다.
 내가 ESP(超感覺的知覺)를 처음 체험한 것은 꽤 오래 전의 일이다. 하지만 당시 나는 그러한 현상에 대해 매우 회의적이었다. 그것은 뉴올리언즈에서의 일이었다. 빈민 지구인 카날 가(街)의 한 구석에서 흑인 노파가 점을 치고 있었다. 그녀는 말했다.
 "내 손바닥에 반 달러를 얹어요. 당신의 내일 일을 점쳐 드리리다."
 "시험삼아 해 보게."
 동행한 친구가 권했다. 그래서 나는 그녀의 손바닥에 돈을 얹었다.
 흑인 노파는 한동안 내 얼굴을 빤히 들여다보고는 눈을 감았다. 그리고는 말하는 것이었다.
 "멀리 가게 됩니다. 먼 북쪽으로…… 앞으로 2주 이내에 떠날 것입니다."
 "아니, 그럴 수가?"
 "가게 됩니다. 그렇지, 나흘 안에 알게 될 거요."

친구도 나도 웃었다. 그야말로 맹랑한 소리였다. 그러나 나흘째 되던 날 그녀의 예언은 실증되었다. 전혀 예기치 않은 일이었는데, '로오즈 흥행사(興行社)'의 직원이 찾아와서 나의 보드빌 무대를 보고 공연 계약을 제의했던 것이다. 나는 제의를 받아 곧 계약을 맺고 북쪽으로 공연 여행을 떠나게 되었다.

하지만 이런 일이 있은 뒤에도 나는 여전히 예언 따위에는 의심이 앞섰다. 흑인 노파의 일은 우연의 일치로만 여겨졌다.

그런데 두번째의 경험은 그렇게 간단히 정리될 수 없는 일이었다. 유명한 점성가(占星家) 에반젤린 아담스의 소문을 들은 나는 그녀가 나를 어떻게 말하는가 직접 들어보고 싶었다. 나는 아직 젊은 객기(客氣)에서 방문 약속을 할 때, 가명을 알려 주고 뉴욕에는 친구가 있어 잠시 다니러 온 양으로 꾸몄다.

카아네기 홀 가(街)에서 아담스 양을 만난 몇 분 동안을 나는 잊을 수가 없다. 비서를 거쳐 그녀의 사무실로 안내되었다. 아담스 양은 책상 너머에 앉아서 고개를 숙이고 손바닥으로 눈을 가리고 있었다.

그녀는 자세를 바꾸거나 나를 쳐다보지도 않은 채 말했다.
"앉으세요."
그리고는 약 1분이나 지나서야 그녀는 입을 열었다.
"당신은 나를 시험하러 왔군요. 당신의 이름은 조셉 바아크가 아닙니다. 몇 주간만 이곳에 묵고 있는 것이 아니라 이곳에서 지냅니다."
"아닙니다. 그건 저……"
"내 말은 아직 끝나지 않았습니다. 당신이 쓰고 있는 이름은 네 글자로 되어 있죠? 성도 네 글자인데 R로 시작되는군요."
　그제서야 그녀는 눈을 뜨고 나를 마주보았다.
　"더 중요한 말씀을 드리지요. 당신의 직업 이야깁니다. 그 작업을 계속해야 합니다. 당신의 둘레에는 음악이 있습니다. 건반이군요, 피아노 아니면 오르간의……. 타이프라이터를 치거나 펜을 잡는 것보다 당신에게는 건반이 어울립니다. 당신은 뭔가 쓰려고…… 종이에 써 넣으려고 하는군요."
　다시 1분간 쯤 침묵이 흘렀다. 이윽고 그녀는 말했다.
　"그뿐입니다. 당신은 공연한 일로 내 눈을 가려 버렸습니다. 마음이 내키시면 다시 찾아주셔요. 당신에게는 그렇게 하시는 것이 퍽 도움이 될 것입니다."
　나는 아직껏 에반젤린 아담스를 잊은 적이 없다. 그 후에는 그녀를 만난 일은 없으면서도.
　프랜시스 리프 부인은 비전문적인 영매자(靈媒者)로서, 남편 카알 리프 박사와 함께 브루클린의 베이리치에 있는 큰 저택에서 지내고 있다. 나는 뉴욕의 어느 지방 방송국에서 그녀의 시를 낭독하게 되어 그녀를 처음 만났고, 그후 토요일 저녁에 그녀의 집에서 모이는 〈문학의 밤〉에 초대받았다. 리프 부인은 코오피 잔에 서린 무늬 등을 가지고 그 사람의 신수를 예언하기도 하고 점을 치기도 하는 것이었는데, 나는 그녀의 말이 별로 믿어지지 않았다.
　그 모임에 늘 출석한다는 검은 머리의 유태인 소녀는 리프 부인의 예언이 기막히게 맞는다고 열심히 나에게 설명하는 것이었다.
　그런데 어떤 이유에서인지 사람들은 느닷없이 나더러 영능자(靈能者)임에 틀림없다고 떠들어 대기 시작하는 것이 아닌가.

"영능자가 아니고, 신경증 환자랍니다."

나는 이런 말로 그들의 말을 상대하지 않았다.

그런데 그 후의 어느 날 저녁이었다. 일동이 자꾸만 권하는 바람에, 나는 여흥으로 유태인 소녀의 커피점(占)을 쳐보기로 했다.

나는 생각했다. 그녀도 나이가 20세이니 결혼을 원하고 있을 것으로 보였다. 나는 그 점을 근거로 삼으리라 작정하고 방에서 사람들을 내보냈다.

방 안에는 그녀와 단 둘뿐, 난로에서 불타는 장작밖에는 촛불이 하나 켜 있을 따름이었다. 나는 약 10분 동안 코오피 잔의 위치를 바꾸면서 유심히 살폈다. 그리고 나는 이렇게 말했다.

"자, 여기 컵의 이쪽에 얼룩이 있지? 이것이 아가씨요. 또 이 반대쪽의 윗편에도 얼룩이 보이죠? 이것이 아가씨의 애인이요."

"애인?"

그녀는 순간 숨을 죽였다.

"그리고 여기 커피 방울이 산 같은 모양으로 괴어 있는데, 이것은 시간이요. 아가씨와 그 청년은 서로 마주 오고 있습니다. 어떤 힘도 두 사람을 막지는 못하고 어떤 힘으로도 두 사람을 떼어 놓지는 못할 거요. 그렇지, 그는 미남이고 아가씨들은 누구나…… 그 뭐랄까, 그는 스페인 사람이지. 아니, 돈많은 멕시코 사람이군요……. 아가씨에게 '세니요라!'라고 인사할 거요."

"하지만 저는 유태인이에요."

"사랑 앞에서 종교나 인종의 차이 따위는 문제가 아니지 않아요?"
 그로부터 약 4개월 후, 나는 다시 리프 부인의 집을 방문했다. 응접실에 들어서기가 무섭게, 마치 영화 화면에서 나오듯이 멋진 스페인 청년과 즐겁게 이야기하고 있는 아름다운 여성이 눈에 띄었다. 고운 쇼올을 어깨에 두른 날씬한 그 여성은 바로 내가 커피점을 쳐 준 바로 그 소녀가 아닌가? 설마! 하지만 나의 예언은 현실로 된 것이다. 몇 개월 뒤, 결혼을 올리고 지금 두 사람은 멕시코 시에서 살고 있다. 지금도 해마다 두번 쯤은 뉴욕으로 나오곤 한다.
 그런데 뒤늦게 안 일이지만, 유태인 소녀는 그때 내 말을 진실로 받아들이고 스페인어 강습소에 들어가서 스페인어를 배우고 몸의 군살을 뺀 끝에 아주 스페인 사람으로 모습을 바꾸었다. 그 다음의 일은 매우 순조롭게 진행되었다.
 그런데 내가 도저히 잊을 수 없는 것은, 그로부터 1년반 쯤 지난 어느 토요일 오후에 리프 부인에게서 들은 예언이다. 그때 나는 그녀의 큰 저택에서 주말을 보내고 있었는데, 2시 30분 경 리프 부인은 나를 부르더니 신경질적인 말투로 이렇게 말했던 것이다.
 "그런 일이 없을 거라고 아무리 마음을 가라앉쳐 보았지만 암만 해도 안되는군요. 말해 두어야겠어요. 무슨 끔찍한 일이 리프 박사나 나, 아니면 당신에게 일어날 것입니다. 이 집에 있는 누군가에게, 그것도 40세 이상인 사람에게 일어날 것이 느껴집니다. 리프 박사는 믿어 주지 않지만서도……아니, 이 집에 사는 누군가의 목숨이 아니라, 그 누군가와 무척 가까운 사람의 목숨에 변이 생길 것입니다."
 "기분이 좀 언짢은 탓이 아닐까요?"
 "글쎄, 그럴는지도 모르겠어요."

그 뒤 나는 다른 사람들과 함께, 새로 나온 책이며 음악의 이야기를 나누면서 리프 부인의 말은 이내 잊어버렸다.
그런데 5시 반을 약간 지났을 때 리프 부인은 나타났다.
"나, 콜로라도 스프링스에 있는 어머니에게 전화해 볼 생각이에요. 당신도 집에 전화해 보는 것이 어떻겠어요?"
리프 부인이 장거리 전화를 건 다음, 나는 우드사이드에 있는 우리 집에 전화를 걸었다. 아무 일도 없었다. 어머니는 나더러 되도록이면 빨리 돌아오라고 하셨다.
10시 7분 경, 리프 부인은 다시 나를 불렀다. 그녀는 조그만 목소리로 말했다.
"당신입니다. 당신에게 관련된 일이에요. 뜻하지 않은 일이…… 나는 알아요."
그녀는 손으로 눈을 가리면서 말했다.
"가엾게도 엘모씨……"
나는 그녀의 말을 믿지 않았다. 11시 반을 약간 지났을 때, 내가 집으로 돌아오려고 하자 그녀는 말했다.
"집에 가시면 온 방에 불이 켜져 있을 것입니다. 기도하셔요……"
리프 부인이 말한 그대로였다. 집에 돌아오는 내 눈에는 온 집안에 환하게 켜 놓은 등불이 보였다. 리프 부인이 말하던 그 순간에 나의 어머니가 갑자기 돌아가신 것이었다.
그 다음에 내가 경험한 것은 스튜어트 로브씨가 살고 있는 웬트와드 호텔에서였다. 나는 이미 그곳에서 열리는 영능실험(靈能實驗)의 모임에 여러 차례 참석해 왔으나, 직접 실험에 나설 마음은 내키지 않았었다. 그런데 어느 날 저녁, 나는 무언가 예언해 보고 싶은 생각이 들었다. 나는 로브씨에 대하여 예언했다.

로브씨는 그 무렵 어떤 인물을 만나기 위해 바레스트림까지 찾아가기로 되어 있었다. 하지만 상대는 거기 없으리라고 나는 예언했다. 그리고 로브씨가 출발한 직후에 그 사람과 만날 약속을 취소하는 전화를 호텔로 걸어 올 것이며, 로브씨는 헛걸음을 하고 돌아와서 그 일을 알게 되리라고 말해 두었다. 이 예언은 하나도 어긋나지 않고 모두 적중했다.
"조금 있으면 아무개가 이리로 오겠는 걸."
하고 내가 말한 뒤, 10분이나 15분 안에 그 본인이 나타난 일은 한 두번이 아니었다. 나는 그때마다 이러한 사실을 보고 스스로 놀라곤 했다.
어느 날 마아가렛 세르포드라는 여성이 나를 찾아왔다. 그녀의 마음에 떠오른 가곡을 악보로 적어 달라는 것이었다. 그것은 흐르듯이 물결짓는 참으로 아름다운 선율이었다. 그런 곡이 왜 자기 머리에 떠오르는지 모르겠다고 그녀는 말했다.
그녀 역시 초감각적 지각의 소유자였다. 어느 날, 나는 오하이오에 있는 매부한테 다녀오겠다고 말했더니 그녀는 소리치듯 말하는 것이었다.
"다녀오신다고요? 선생은 아마도 3년 안에는 뉴욕에 돌아오지 않을 거예요."
나는 늦어도 2주 안에 돌아오겠다고 약속했다. 하지만 그녀는 그렇지 않다고 우기는 것이었다.
분명히 그렇게 되지는 않았다. 나는 오하이오에서 소설을 쓰게 되었다. 내가 생전 처음으로 그 소설을 완성하고 뉴욕으로 돌아온 것은 3년이 다 됐을 무렵이었다.
마아가렛 세르포드는 그 후에도 여러 가지로 초능력을 나타냈다. 워싱턴에서는 어느 미망인이 남편이 남긴 서류를 쓸

데 없는 것으로 여기고 태워 버리려는 것을 꿰뚫어 보고 그 서류는 중요한 공문서이니 버리지 말라고 충고한 일이 있었는데, 나중에 그것이 재정상 매우 중요한 서류임이 판명되었다.

 이 사실도 있고 해서 그녀는 곧 ESP여성으로서의 지위를 확립하고 오늘날 전국을 누비면서 사람들의 상담을 받기에 바쁜 존재가 되고 있다.

 나로서는 이제 이런 종류의 초능력에 대해서 더 이상 의심할 여지가 없어졌다. 그리고 또 내가 보기에는 성서에 기록된 예언은 분명히 ESP에 관한 것이 아니었을까 한다. 창조적이며 영적인 능력을 눈뜨게 하는 데는 성서보다 더 위대한 서적이 또 있을까!

2. 과학으로 공인된 초심리학

네덜란드에는 '바라그노스트'라는 말이 있는데, 이 말은 1932년에 처음 생긴 심리학 용어로서 본래는 그리이스 말이다.

'인간의 지식으로는 해명할 수 없는 것'을 뜻하는 이 용어는 초심리학자들이 연구의 대상으로 삼고 있는 원격투시(遠隔透視)·영매(靈媒)·정신감응술(精神感應術) 등의 ESP를 가리키는 것으로서, 당시 유트레히트 초심리학 연구소장으로 있는 W·H·C·텐하프 박사가 만든 말이다.

텐하프 박사는 1894년 네덜란드의 로테르담에서 유복한 가정에서 태어났다. 고등학교를 졸업한 18세 때 그는 이미 이상심리학 세계에 완전히 매료되어 있었다.

어느 날 강령술(降靈術)의 모임에 출석한 그는, 죽은 사람의 영이 그곳에 나타나 테이블을 공중으로 떠오르게 하고, 인형이 혼자 춤추는가 하면, 공중에 떠 있는 나팔이 혼자서 소리를 내는 따위의 초자연 현상을 직접 보았다. 여기서 그는, 이러한 현상의 해명은 인간 심리의 심층(深層)적인 연구 이외에는 없다고 믿었다.

그 무렵, 네덜란드 심리학계의 거물인 그로닝겐 대학의 게랄즈스 하이안스 교수는 정신감응 현상의 통계적 실험을 통하여 그 결과를 발표했다. 텐하프는 하이안스 교수의 학설에 귀를 기울이고 대학 연구실에 틀어박혀 초감각적 지각 연구를 본격적으로 착수했다. 1933년 텐하프는 유트레히트 대학에서 심리학 강좌를 담당하기 시작했다.

텐하프 박사의 연구가 결실을 맺은 것은 제랄 크로아세라는 투시능력자를 만난 데서였다.

1945년 12월 엔스케테에서 강연을 했을 때, 처음 텐하프 박사를 찾아온 이 사나이는 초라한 차림의 문맹자였다.

"저는 배우지 못한 날품팔이군입니다. 하지만 저는 멀리서 일어나는 일이 눈에 보이듯이 머리 속에 떠올라 보입니다."

텐하프 교수는 크로아세를 상대로 몇개월에 걸친 자세한 테스트를 거듭한 끝에, 크로아세가 보기 드문 투시력의 소유자임을 확인했다.

교수는 크로아세의 비상한 능력을 범죄 수사에 이용해 보았다. 크로아세는 미궁에 빠진 수 많은 범죄 사건의 범인을 차례로 지적하였다. 그리하여 경찰의 수사 부문에서 유명해지기 시작한 그의 투시 능력은 이내 전국적으로 큰 관심을 모으게 되었다.

1951년 유트레히트 대학에는 초심리학 강좌가 설치되고 텐하프는 그 학부 부장에 임명되었다. 이것은 초심리학이 과학으로서 공인되었음을 뜻하는 기억할 만한 일이었다. 이 공인은 세계 최초의 것이었으며, 자유 세계에서는 오늘날에 있어서도 대학의 정규 강좌로서는 유일한 것이다.

네덜란드의 율리아나 여왕은 초심리학에 대한 관심이 매우 크다. 1953년 헤이그에는 국립으로 초심리학협회가 설립되었다.

한편, 소련에서는 1959년 레닌그라드 국립대학에 초심리학 연구소가 설립되고, 73세의 심리학자 레오다드·L·바실리에프 교수가 그 소장으로 임명되었다. 이 연구소에서는 얼마 전에 최면이 걸린 사람 사이의 원거리 정신감응 실험에 성공했다고 한다.

레닌그라드에서 쓰는 즉흥적인 문장을 얄타에 있는 실험자가 같은 시각에 그대로 받아 썼다는 것이다.

이와 같은 정신감응이나 투시를 초심리학에서는 예로부터 인간이 지닌 능력의 하나로 보고 있다. 다시 말해서 그러한 현상은 우리의 복귀적(復歸的)인 능력일 뿐, 인간에게는 별로 새로운 현상은 아니라는 것이다.

"우리의 옛 선조들은 누구나 그런 능력의 소유자였다. 자연이라는 환경밖에 없는 원시인에게는 밀림 같은 데서 절박한 위험을 극복할 문화적 수단이 없었다. 그들은 오로지 본능의 힘으로 자기 방어를 해 내야만 했다. 창조신(創造神)은 그런 경우의 무기로 투시 또는 정신감응 따위의 능력을 주신 것이다. 호주의 원시 토인이나 북극에서 사는 라플란드인(人), 또는 아메리카 인디언의 일부가 지니고 있는 정신감응 능력은 원시 시대의 유산이라고도 할 수 있는 것이다. 문화가 발달하고 인간이 고도의 지적 생활을 하는 동안 이 능력은 퇴행했다."

초심리학자들은 이렇게 설명하고 있다.

크로아세는 다음과 같이 말한다.

"저는 결코 초자연적인 이상(異狀) 능력을 가지고 있는 것이 아니다. 사람은 누구나가 그런 능력을 타고 난다. 다만 차이는 그 느끼는 정도가 다른 것뿐이다. 사람은 누구나 노래를 부를줄 안다. 하지만 누구나가 카루소처럼 잘 부를 수는 없는 것처럼, 나는 단지 느끼는 힘이 보통 사람보다 큰 데 불과하다. 우리가 어떤 보이지 않는 것을 볼 수 있는 것은 보려고 하는 힘과 그 대상과의 힘이 꼭 들어 맞기 때문이 아닐까. 마치 라디오의 다이얼을 돌리다가 어느 주파수에서 상대가 보내는 전파를 포착하는 그런 식이라고 할 것이다."

뛰어난 바라그노스트의 능력은 시간과 공간이라는 장벽을 쉽사리 통과한다고 텐하프 교수는 말한다. 그것이 현재라는 시간에서 작용하는 경우, 정신감응 또는 투시로 나타나고 시간의 벽을 더 멀리 뚫는 경우 예견이나 예지라는 예언 능력으로 나타난다는 것이다.

하지만 이 신비스런 능력은 부단한 수련(修鍊)으로 발달시킬 수 있는가 하고 묻는다면 오늘날의 초심리학은 '노'라고 대답하고 있다.

3. 마리아 쥴리어스 호를 구한 투시력

 1958년 6월 네덜란드의 아에인드레히트 항구에 입항한 마리아 쥴리어스호(號)는 디젤엔진이 고장을 일으켜 움직일 수가 없었다.
 전문가들을 불러 엔진을 정밀 검사했지만 어디에 무슨 고장이 났는지를 알 길이 없었다. 디젤 엔진을 전문적으로 다룬다는 수리공들이 연달아 기관실을 드나들었으나 결국은 같은 말을 남기고 물러가는 것이었다.
 "어딘가에 고장이 난 것만은 확실합니다. 한데 고장난 부분을 알 수가 없습니다. 이런 고장은 처음입니다."
 이리하여 1주간이 지나고 2주간이 지났다. 그리고 3주째도 마찬가지였다.
 얀센 선장은 마침내 분통이 터졌다.
 "그래도 자네들은 엔진 전문공이란 말인가? 내 다시는 자네들에게 부탁하지 않겠네. 원, 무슨……"
 마지막 수리공이 고개를 숙이고 돌아가자 일등 기관사가 선장에게 말했다.
 "수리공을 쫓아 버리고 이제 어쩌시렵니까? 기관실 자체로서는 처음부터 자신이 없었던 일입니다."
 "걱정 말게나. 내 알아볼 데가 있네."

얀센 선장은 일등 기관사를 동반하고 상륙하더니 로테르담에 장거리 전화를 거는 것이었다.
전화는 통화중이었다. 선장은 교환양에게 전화를 부탁하고 자리로 돌아왔다.
"로테르담에 제랄 크로아세라는 유명한 투시가(透視家)가 있다네. 그는 무엇이든 척척이야. 분실한 물건이 어디 있는가도 정확히 알아 내고 의사가 쩔쩔매는 병의 원인도 정통으로 집어 낸다는 거야. 그렇다면 우리 엔진의 고장도 손쉽게 알아 낼 것 아닌가. 한 번 물어볼 수밖에……"
그때 전화 벨이 울렸다.
얀센 선장은 크로아세에게 배의 엔진이 갑자기 멎어 버렸다는 것과 전문 수리공을 불러 조사시켰는데 3주간이 지나도록 고장의 원인도 전혀 찾아 내지 못했다는 이야기를 자세히 말했다.
"3주간이나 꼼짝 못하고 있는 바람에 손해가 막심합니다. 새 엔진을 사서 갈아 써야만 할 처지입니다. 하지만 엔진 값이 보통이 아닙니다. 선생께서 고장을 알아봐 주실 수 없겠습니까?"
"배는 어디 있습니까?"
"아에인드레히트 부두입니다."
그러나 대답이 없었다. 한동안 초조한 시간이 지났다. 이윽고 크로아세의 말소리가 들렸다.
"알았습니다. 부두 서쪽에 있는 배로군요. '마리아 쥴리어스'라는 이름이 보입니다. 그 뱁니까?"
"네, 그렇습니다!"
얀센 선장의 목소리는 신음(呻吟)에 가까왔다. 선장은 즉시 일등 기관사를 불렀다. 크로아세의 목소리는 다가 선 기관사의 귀에도 똑똑히 들렸다.
"엔진이 보입니다. 두 개가 보입니다. 당신네 배에는 엔진이 두 개 있습니까?"
"네, 네, 맞습니다."
"실린더의 머리 부분이 보입니다. 물 탱크 비슷한 것이 있군요. 여러 개의 실린더가 머리를 선미(船尾)쪽으로 향하고 있습니다. 사실 그대로입니까?"
이번에는 일등 기관사가 신음 소리를 냈다. 장거리 전화 너머로 어떻게 보이는 것인지는 알수 없으나, 배의 엔진은 그가 말하는 그대로였던 것이다.
"오른쪽 엔진의 뒷부분이 보입니다. 거기 작은 파이프가 붙어 있습니다. 이 파이프에 작은 구멍이 났습니다. 하지만 이 구멍은 보통 상태에서 눈에 띄지 않을 것입니다. 엔진이 뜨거워지면 증기가 이 구멍으로 새어나올 테니, 그렇게 해 보십시오."
이틀 후 얀센 선장의 전화가 크로아세한테 걸려 왔다.
"크로아세 선생입니까? 아, 예, 너무나 고마워서요······."
선장의 목소리는 무척 흥분되어 있었다.
"선생이 시킨대로 기관사와 함께 흡수관(吸水管)의 파이프를 조사했습니다. 실린더의 머리라는 것은 그 파이프가 붙어 있는 부분인데요, 이것은 냉수를 끌어들이는 부분으로서 그 모양이 상당히 복잡합니다. 이 주물 부분에 눈에 띄지 않는 작은 구멍이 나 있었습니다. 엔진의 실린더를 가열하고 2백 파운드의 압력으로 물을 넣었더니 선생이 일러 주신 대로 그 구멍에서 증기가 새어 나왔습니다. 그래서 실린더의 머리 부분을 새것으로 갈았습니다. 덕분에 '마리아 줄리어스호'는 항해에 나섰습니다. 이 전화는 아에인드레히트에서 드리는 것이 아닙니다. 그 부두는 어제 떠나 왔습니다."

4. 죽은 애인이 보내는 편지

 이 신비스런 이야기는 현재 이 순간에도 런던에서 현실로 나타나고 있는 실화이다.
 이야기의 시작은 40여년 전으로 거슬러 오른다. 그 무렵, 그레이스 롯사양은 런던을 떠나 캐나다로 건너가서 브리티시 컬럼비아주의 뱅쿠버에 한동안 머무른 일이 있었다. 이때 그녀는 고오든 퍼어딕이라는 남성을 만나 사랑에 빠졌다. 고오든은 준설선(浚渫船) 살베이지회사를 경영하고 있었다.
 하지만 그들 사이에는 이내 결혼할 수 없는 사정이 가로놓여 있었다. 그레이스는 런던으로 돌아와서 집안 일을 돌봐야만 했고, 고오든은 그의 사업 때문에 도저히 뱅쿠버를 떠날 수가 없었다. 두 사람은 대서양 너머로 주고 받는 편지에 의해서 사랑의 사연을 호소할 뿐, 어쩌다가 고오든이 런던에 볼 일이 생겼을 때나 잠간 만나곤 하는 정도였다. 그러다가 어느 크리스마스 이브를 함께 지낸 일이 그들에게는 영원히 잊지 못할 행복한 추억이 되었다.
 그로부터 40년이 지났다. 드디어 고오든과 그레이스가 함께 지낼 수 있는 날이 왔다. 고오든은 기쁨에 넘쳐 퀸 매리호의 승선권을 예약했다. 그런데 배가 떠나기 며칠 전에 그는 잠자다가 죽어 버렸다. 그레이스의 슬픔은 하늘이 내려앉는 느낌 바로 그것이었다.
 그로부터 약 15개월이 지났다. 어느 날 오후 그레이스(이미 늙은 여인이었다)가 편지를 쓰고 있을 때였다. 펜을 든 채 편지를 읽어 보는데 문득 그녀의 마음에 느껴지는 목소리가 들렸다.
 "펜을 놓지 마오, 그대로 들고 있어요."
 그녀는 그것이 단지 자기의 잠재의식이려니 여기면서 혼자말을 중얼거렸다.
 "펜을 들고 있으라니, 왜 이럴까?"
 그런데 기막힌 일이었다. 그녀의 손이 저절로 움직이면서 종이에 무엇인가를 내리 쓰고 있는 것이 아닌가. 자세히 보니 그것은 이런 말로 시작되어 있었다."
 "사랑하는 그레이스, 나 고오든은……"
 그 글씨는 틀림없는 고오든의 필체였다.
 그레이스의 손은 계속 편지를 써 내려가고 있었다. 편지의 내용으로 보아 그것이 죽은 애인이 쓰는 편지임이 분명했다. 글씨뿐만 아니라 그 말투나 감정의 표현이 모두 생전의 고오든이 보내온 편지와 꼭 같았다. 단지 다른 점이 있다면 그것은 저승에서의 새 생활을 알리는 사연이 들어 있는 그것이었다.
 죽은 애인이 보내오는 편지에 관해서 그레이스는 아무에게도 알리지 않고 혼자만의 비밀로 지니고 있었다. 하지만 고오든의 편지가 그 뒤에도 계속되자, 그녀는 마침내 이 사실을 과학적으로 알아보기로 결심했다. 그녀는 영국 성공회(聖公會)의 신도였는데, 심령 현상 따위에는 전혀 관심이 없었고 도리어 그런 이야기에는 두려움부터 앞서는 것이 그녀의 솔직한 심정이기도 했다.

그녀는 성공회 안에 있는 심령 연구회에 문제의 편지를 들고 갔고 연구회는 다시 그것을 영국에서 최고 필적감정가로 알려진 F·T·히리거씨에게 넘겼다. 고오든이 생전에 보내온 편지도 함께 맡겨졌음은 물론이다. 히리거씨는 '두 편지의 필적을 동일한 것으로 판정된다'는 감정 결론을 내렸다.

그런데 이번에는 더 이상한 일이 생겼다. 고오든은 그레이스에게 지시하기를, 꼭 쥔 주먹 위에 펜을 얹고 펜 끝을 종이에 대고 있으라고 했다. 그녀의 손 끝을 빌리지 않고 편지를 써 보겠다는 것이었다. 그런데 놀랍게도 펜은 혼자 움직여서 전과 같은 글씨로 편지를 썼다.

이 소식을 듣고 〈런던 데일러 메일〉 신문의 기자 두 명이 그레이스를 방문했다. 한 사람은 인터뷰, 한 사람은 이 초자연적인 현상을 영화로 촬영했다. 그들은 반신반의하면서 찾아왔다가 직접 눈으로 보고서는 아무 말도 못했다.

이윽고 고오든으로부터만이 아니라, 그레이스의 죽은 친척들로부터도 편지가 오기 시작했다. 그런데, 그 편지도 모두가 똑같이 생전의 필적과 꼭 일치하는 것이었다.

필적감정가인 히리거씨는 너무나 신비스런 심령 현상에 탄복한 나머지 이번에는 좀 색다른 실험을 해보기로 했다. 미국 버지니어주의 리치먼드 출신으로서 런던에 와 있는 한 여성의 존재가 생각났기 때문이다. 그녀는 생전에 목사였던 남편으로부터 자동기술(自動記述)에 의한 편지를 받고 있었는데, 그 편지 역시 생전의 필적과 일치하는 것이었다.

히리거씨는 이 두 여성에게 서로 컨트롤(자동기술을 시키는 인격)을 교환해 보도록 권했다. 두 여성은 각각 자기의 컨트롤에게 상대 여성의 손을 빌리도록 알렸다. 그랬더니 목사는 그레이스의 손으로, 고오든은 목사 부인이었던 리치먼드 여성의 손으로 편지를 썼다. 히리거씨는 그 필적을 감정했는데 역시 생전의 필적과 조금도 다름이 없었던 것이다.
 그레이스는 고오든이 저승에서 보내온 편지와 그녀의 경험을《지평선 너머로》라는 책을 내기도 했는데, 그녀가 고오든과 주고 받은 통신에는 다음과 같은 내용도 들어 있다.
 질문 : 당신은 어떻게 해서 내 손을 움직이죠?
 답 : 나는 당신 곁에 있오. 당신의 손에 내 손을 포개고 움직이지. 내 눈에 당신의 손은 거의 투명하게 보여요. 내 손이 훨씬 더 실질적이고 단단해 보이는 거요.
 질문 : 내 곁에 계시다고 하지만, 내 눈에는 전혀 보이질 않아요.
 답 : 그 까닭을 나는 이렇게 생각하오. 우리의 영체(靈體)는 굉장히 빠른 속도로 진동하고 있어서, 지상의 사람에게는 우리 모습이 보이지 않으며, 보인다 해도 아주 드물게 밖에는 보이지 않는 모양이오. 양쪽 세계의 모든 것은 강약의 차이가 있으나 어쨌든 진동하는 상태에 있는 것만은 사실이오. 당신의 몸도 진동하고 있는 거요. 다만 영체보다는 강도가 훨씬 약하기 때문에 별로 실질적이 아닐 따름이오. 당신의 눈에 보이려면 내가 몸의 진동(振動)을 아주 느리게 억제해야만 하는데, 그것은 쉬운 일이 아니오. 이 문제는 앞으로 연구해서 해결해 볼 생각이오. 지금은 당신에게 내 모습이 보이지 않지만, 장차 언젠가는 우리가 서로의 모습을 볼 날이 올 것이오. 그리고 지상의 사람들이 죽음이라 부르는 저승의 세계에서의 이 생명이 지상의 생명보다도 훨씬 더 가치 있다는 위대한 사실이 과학적으로 증명되는 날도 올 것으로 믿소. 저승의 세계로 간 사람들과 아주 자연스럽게 만날 수 있다는 사실이 일반에게 알려진다면 사람들은 얼마나 큰 위안

을 받게 될까. 나는 벌써부터 그날이 기다려지오. 불과 1세기 전까지만 해도 먼 미개지의 탐험에 나선 사람들은 외부와 연락할 방법이 별로 없었오. 하지만 오늘날에는 무전으로 세계 어디에서나 연락할 수 있게 됐오. 이 세계와 당신의 세계가 연락하는 통신 방법이 확립되지 못할리가 어디 있겠오!

질문 : 그러기 위해서는 라디오와 같은 장치, 당신의 세계와 파장(波長)을 맞출 수 있는 그런 기계가 필요하지 않을까요?

답 : 아마도 그럴 거요. 모든 것은 파장에 달려 있오. 이것은 이 세계에서나 지상의 세계에서나 마찬가지니까……. 다만 이 방법으로 연락할 때는 우선 아주 강력하고 높은 주파수(周波數)를 가진 장치가 있어야 할 겁니다.

질문 : 어떻거면 그런 장치를 만들 수 있을까요?

답 : 숙련된 과학 기술자로서 영계(靈界)와의 통신에 특별한 관심을 가진 사람들의 손으로 이루어질 거요.

5. 위험하다! 접근하지 말라!

1930년 5월 24일. 나(차알스즈 핼로우 박사)는 다른 날과 마찬가지로 세인트 올번즈를 떠나 런던을 향해서 자동차를 몰고 있었다. 이 길은 몇천 번이나 왕복해서 나에게는 매우 낯익은 것이었다. 나는 오전중으로 마쳐야 할 일이 여러 가지 있는 터라 꽤 빠른 속도로 차를 몰고 있었다.

그런데 아까부터 내 앞을 달리는 자동차가 있어서 나는 좀처럼 마음대로 속력을 낼 수 없었다. 앞의 차는 조웨트 형으로서 아주 신중히 달리고 있었다. 운전하는 사람은 가정에 충실한 타입의 남자였다. 그의 태도에는 매우 한가로운 데가 있었다. 이 사나이가 운전하는 뒷좌석에는 그의 아내로 보이는 여성이 어린이를 데리고 앉아 있었다.

평소 같았으면 나는 그 차를 앞질러 달렸을 것이다. 드라이브를 즐기는 듯한 그런 차를 나는 몇백 번이나 앞지른 일이 있었다. 하지만 이 날 따라 웬 일인지 나는 앞을 달리는 차를 앞지를 수가 없었다. 그 차가 별로 앞지르기를 방해한 것도 아니었는데도 그러했다. 나는 몇번씩이나 시계를 보았다. 바쁜 몸이라 어서 앞질러 내달리고만 싶었다. 그런데 어떤 셈인지 내 잠재의식 속에 무슨 사고가 생길 것만 같은 느낌이 매우 강하게 틀어박히는 것이었다. 그 느낌은 이 세의 보통 감정과는 전혀 다른 어떤 강한 것이었다. 그것은 앞을 달리고 있는 운전사의 운전 솜씨와는 아무런 관계가 없었다. 그는 참으로 운전 태도가 좋았다. 그리고 나 역시 결코 신경과민 상태는 아니었다.

나를 짓누르는 그 느낌은 충돌이 곧 일어날 것이라는 생생한 예감으로서, 너무 가까이 접근하지 말라는 경고이기도 했다. 나는 그런 느낌에 억눌리는 바보 같은 나 자신을 꾸짖으면서 거의 8킬로나 그 느린 구식 자동차 뒤에서 꾸물대고 있었다. 앞질러서는 안 된다는 느낌이 그만큼 강하기 때문이었다. 그런데 이윽고 나는 이 예감에 깊이 감사하지 않을 수 없게 되었다. 라드래트와 세인트 올번즈의 중간에 있는 와트링 가로에 들어섰을 때 마침내 사고가 일어났던 것이다.

내 앞을 달리는 조웨트 차의 앞에 트럭이 달리고 있었다. 이 세 대가 런던을 향해 천천히 달리고 맞은편 도로 위에 사륜형(型) 자동차가 정차하고 있었다. 그런데 느닷없이 그 정차한 차의 문이 열렸다. 도로의 시계(視界)를 전부 가릴 만큼 큰 그 트럭을 피할 겨를이 없었다. 가엾은 조웨트 차는 급브레이크를 걸었으나 차는 그대로 미끄러져서 트럭 뒷부분을 들이받고 벽돌담에 정면으로 충돌했다.

나는 조웨트 차 뒤를 따라 8킬로 길을 달리는 동안 그 사고가 일어날 것이라는 예감이 너무나 강했다. 나는 몇 번이나 앞의 운전사에게 나의 예감을 알려주고 싶은 충동을 느꼈었는지 모를 정도였다.

만일 내가 앞의 차를 바싹 뒤따라 달렸더라면 내 차도 충돌을 면하지는 못했을 것이다. 하지만 나는 충분한 거리를 두고 달렸던 덕분에 부서진 앞 차를 피해 차를 세울 수가 있었다.

나는 부상한 어린이의 응급 치료를 한 다음, 어린이와 어머니를 급히 스탠모어의 정형외과 병원으로 옮겨 의사의 손에 맡겼던 것이다.

6. 불사(不死)의 세계는 올 것인가?

　예언이라는 것이 모두 개인의 생명이나 국가의 운명에 대해서만 말을 하고 있는 것은 아니다. 하기는 미래에 대한 인간의 관심이 역시 이 점에 집중되고 있는 이상, 그런 종류의 예언이 압도적으로 많은 것도 사실이다. 하지만 시계(視界)를 더 넓혀서 인간의 생사나 국가의 운명을 초월한 세계, 또는 인간의 죽음 자체가 없어져 버리는 시대가 장차 올 것이라고 하는 그런 예언도 있다.
　리처드 제너도 그런 영적(靈的) 예언을 한 영능자의 한 사람인데, 그는 가까운 장래에 '영적 세계'라고 할 만한 세계가 올 것이라고 예언하고 있다. 그 시대가 되면 신비스런 현상이나 초능력에 대한 일반의 관심이 매우 높아질 뿐 아니라 그 일반 대중 자신이 보이지 않는 세계에 대한 감각을 지니게 되고, 처음 한동안은 얼른 이해할 수 없는 이상한 현상을 많이 보고 듣게 될 것이라고 제너는 말하고 있다. 죽은 사람들의 모습이 영매(靈媒)가 아닌 보통 사람들의 눈에도 보이게 되고 이 세상과 저승과를 가로막은 벽이 갈라지기 시작하여 결국에는 아주 무너지고 말 것이라고 한다.
　죽음이라는 것이 없어지는 시대가 온다고 예언한 존재로는 제너보다도 먼저 예수 그리스도를 들어야 할 것이다.

"멸망할 최후의 적은 죽음이니라."

　수명은 점차 연장되어 가고 젊음을 유지하는 기간이라는 것이 차츰 길어진 끝에 나중에는 오랜 시대에 걸쳐 젊은 삶을 살 수 있게 된다. 그리고 드디어는 죽음 자체가 끝 없는 생명에 굴복하는 시대가 온다는 것이다. 하기는 이 말을 액면 그대로 받아들일 것은 아닌지도 모른다. 여기서의 생명이란 우리가 뜻하는 생명과는 다른 듯하며, 우리의 육신이 영구히 보존될 수 있다는 의미는 아닌 듯하다. 즉, 죽음은 신이 다스리는 왕국의 영역이 아니라는 것을 이해하고 이 왕국에 관한 것을 지상의 인간이 진정으로 알게 되었을 때 죽음의 그림자는 없어지리라는 뜻일 것이다.

　노스트라다무스는 이 시대를 가리켜서 '사악(邪惡)의 종말이 닥칠 때' 또는 '죽음의 시대가 탄생의 시대에 굴복할 때'라고 말하고 있다. 즉, 소멸됨이 없는 새로운 실체가 탄생하는 시대라는 뜻일 것이다.

　이 프랑스의 예언자는 말하기를, 그런 시대가 오면 '성령은 영혼을 행복하게 하리라'고 했다. 이때 인간은 현세(現世)와 내세(來世)의 두 세계에서 사는 능력을 지니게 된다. 이런 능력을 온 인류가 얻게 되는 날에는 이 지구가 연기처럼 사라진다고 해도 그것은 이미 문제가 되지 않는다. 실체인 영체(靈體)는 이 차원(次元)으로부터 또 다른 차원으로 쉽사리 넘어설 수 있을 것이기 때문이다.

　인류가 이런 단계에 이르게 되면──1세기 이내에 그런 날이 온다고 한다──심령 세계가 크게 열릴 것이다. 인간의 영성(靈性)이 높아진 결과 종교 단체는 아무래도 곤경에 빠질 것이다. 성서의 근본진리에 관한 신앙은 깊어지겠지만, 성서 내용의 해석 하나로써 갈라서는 종파 분립(分立)은 줄어들 것이다. 사람들은 각각 자기 자신의 신앙을 가지게 되고 의식이나 관습에 억매이는 일은 사라질 것이다.

심령요법 등이 예사로 쓰이고, 의약 자체가 심령화(心靈化)된다. 즉 의약품은 차츰 사라지고 자연식(自然食)이 증가될 것이다. 질병에 대해서도 정신과 신체의 상관성이 보다 중요시 되고, 그런 관점에서 올바른 치료가 행해질 것이다. 수술 따위는 좀처럼 없고, 대상작용(代償作用)을 이용하여 치료하는 능력이 발달할 것이다.

예언자 이사야는 그런 시대를 가리켜 이렇게 말했다.

〈그때에 소경의 눈이 밝을 것이며 귀머거리의 귀가 열릴 것이며 그때에 발을 저는 자는 사슴같이 뛸 것이며 벙어리의 혀는 노래하리니 이때 광야에서 물이 솟을 것이고 사막에서 시내가 흐를 것이니라.〉(《이사야》제35장 5절)

그 시대에는 사람의 건강과 젊음도 오래 유지된다고 성서에는 기록되어 있다.

〈거기는 날수가 많지 못해 죽는 어린아이와 수명이 차지 못한 노인이 다시는 없을 것이다. 곧, 100 세에 죽는 자는 아이겠고 100세 못되어 죽는 자는 저주받은 것이리라.〉(《이사야》제65장 20절).

그 때에는 평화가 영구적인 것이 되고, 생명을 **빼앗음**은 비록 그것이 동물의 생명일지라도 죄가 된다.

〈소를 잡아 들이는 것은 살인함과 다름이 없고, 어린 양으로 제사드리는 것은 개의 목을 꺾음과 다름이 없으며 드리는 예물은 돼지의 피와 다름이 없고 분양하는 것은 우상을 찬송함과 다름이 없이 하는……〉《이사야》제66장 3장).

또 신약성서에는 장차 올 시대를 말한 요한의 예언이 수록되어 있다.

〈하느님은 친히 저희와 함께 계셔서 모든 눈물을 그 눈에서 씻기시며 다시 사망이 없고 애통하는 것이나 곡하는 것이나 아픈 것이 다시 있지 아니 하리니 처음 것들이 다 지나갔음이리라. 보좌에 앉으신 이가 가라사대, 보라 내가 만물을 새롭게 하노라 하시고 또 가라사대 이 말은 진실하고 참되니 기록하라, 하시고 또한 내게 말씀하시되 이루었도다. 나는 알파와 오메가요, 처음과 나중이다. 내가 생명수 샘물로 목마른 자에게 값없이 주리니 이기는 자는 이것들을 유업(遺業)으로 얻으리라. 니는 저희 하느님이 되고 그는 내 아들이 되리라.〉(《요한계시록》제21장 4~7절)

이 구절에 들어 있는 '하느님의 아들'은 현재 존재하는 어떤 인간보다도 초월된 초인(超人)을 뜻한다. 이 다시 태어난 인간에 대해 노스트라다무스는 다음과 같이 말하고 있다.

혼백없는 육체는 다시 회생되지 않는다.
죽음의 시대는 탄생의 시대로 바뀌리라.
'성령'은 영혼을 행복하게 하리라.
영원한 '하느님의 말씀'을 깨달을 때(《제세기》제2권 13편)

다시 말해서 인간은 드디어 죽음을 극복하고 새로운 생물이 되는 것이다. 축복에 싸여 인간은 '하느님의 말씀'의 뜻을 깨닫고 그 무한한 영광 속에 하느님의 모습을 보게 되는 것이다.《창세기》에 기록되어 있는 '에덴 동산'을 추방되기 전의 인간으로 회복된다는 것이다.

'하느님의 말씀'은 실현될 것이다.

하늘과 땅, 숨은 황금, 신비한 사실을 포함하여
육체와 영혼과 정신은 온갖 힘을 지닌다.
하늘의 보좌와 마찬가지로 그 발 밑에도‥‥

이와 같이 완전한 힘을 갖추게 되는 상태는 죽어서 '하늘에 오름'으로써 얻어지는 것이 아니라, 하늘의 보좌에 있어서와 마찬가지로 인간의 발 밑에도 그 능력이 지녀져 있는 것이다. 그런 의미에서는 하늘과 땅이 다름이 없다. 인간이 하늘로 오르는 것이 아니다. 천국이 지상에 이루어지는 것이다.

7. 나는 미래를 목격했다

 1935년의 일이다. 영구 공군의 중장 빅터 고다드(당시 중령)은 친구들과 함께 스코틀랜드의 노스버위크에서 주말을 보냈는데, 이때 그는 참으로 이상한 일을 경험했던 것이다.
 그는 근무지인 앤드버에서 군용기를 타고 이곳에 와 있었다. 월요일 아침에는 근무지로 돌아가야 할 몸이었다. 일요일, 그는 페플로우 부인[고다드와 그의 친구는 이 여성의 집에서 묵고 있었다]과 함께 드렘이라는 곳에 갔다.
 그곳에는 제1차 대전 때, 임시 비행장으로 쓰이던 장소가 있었는데 멀리 떨어져 있는 에딘버러 공항 대신에 그곳을 이용할 수는 없을까 하는 것을 알아보기 위해서였다.
 두 사람은 지주를 찾아가서 허락을 얻은 다음, 예전의 임시 비행장을 살펴 봤다. 격납고 4개가 그대로 남아 있었는데, 셋은 비행기 두 대를 수용하는 것이었고, 나머지 하나는 한 대 짜리였다. 제1차 대전 당시의 비행장 시설로서는 어디에나 공통된 규모의 것이며 특이한 점은 따로 없었다.
 하지만 격납고의 지붕은 내려앉았고, 격납고 앞의 포장된 광장도 복구하기 어려운 상태였다. 비행장 전체는 목포에 파묻혀 있었고, 가시 철망을 두른 그 속에서 가축들이 풀을 뜯어먹고 있었다.

월요일 아침 고다드는 에딘버러 공항으로 차를 몰았다. 그곳에는 그의 비행기 포커하아트가 기다리고 있었다. 먹구름이 자욱하고 비가 내리고 있어서 고다드의 마음은 좀 불안했다. 포커하아트는 조종석에 뚜껑도 없는 소형 비행기였다.

무선비행 장치도 없는 이 비행기로 위험한 산악 지대를 비행해야만 한다. 하지만 그런 날씨에도 고다드는 비행에 자신이 있었다. 구름과 구름 사이의 틈새를 따라 비행한 경험이 그에게는 풍부했다.

그런데 막상 이륙해 보니 구름 사이에 빈 틈은 전혀 보이지 않았다. 지상 2,700미터까지 먹구름이 자욱했다. 이윽고 그는 조종의 자유가 없어졌음을 알았다. 비행기는 빙글빙글 맴을 돌면서 낙하하고 있었다. 아무리 애써도 기수(機首)를 일으켜 세울 수가 없는 것이었다.

빅터 고다드는 영국에서 발행되고 있는 심령 잡지 《라이트》에 다음과 같이 당시의 일을 보고하고 있다.

"낙하하는 비행기의 속도를 늦출 수는 있었으나 콤파스가 빙글빙글 도는 상태를 멈출 수는 없었다. 비행기의 고도는 급속히 떨어지고 현재 위치를 전혀 알 수 없었다 구름을 헤어나기 전에 산에 부딪칠 위험이 짙었다. 고도계(高度計)를 보니 바늘은 불과 3백 미터를 가리키고 있었다. 주위는 갈수록 어둡고, 구름을 황갈색으로 바뀌면서 더욱 짙어졌다. 나선형으로 계속 낙하하여 고도가 60미터까지 내려갔을 때, 눈앞이 희미해지는듯 하더니 비행기는 물결치는 바다 상공으로 나왔다. 포오스 만(灣)이었다.

순간, 비행기는 해안의 방파제(防波堤) 사이를 회전하고 있었다. 강하가 그만큼 급격했던 것이다. 앞뒤에 높다란 안벽(岸壁)이 가로막혀 그 너머는 보이지 않았다. 비행기는 안벽 위의 인도에 충돌할 찰나였다. 비가 억수처럼 내리는 인도에는 유모차를 밀면서 소녀가 혼자서 달려가고 있었다. 소녀는 내 비행기를 피하느라고 달리던 몸을 움추렸다. 아차하는 순간 나는 조종간을 힘껏 당기고 있었다. 비행기는 간신히 인도를 넘어 수면으로 곤두박히기 직전에 기수를 일으켰다. 비행기는 찢어지는 듯한 폭음을 울리면서 비가 내리는 해안을 스쳐 나갔다. 둘레는 온통 비 때문에 희미해 보였다.

시속 240킬로, 빗물이 이마와 비행 안경을 사정없이 때렸다. 아주 힘든 비행이었다. 구름은 지상 12미터까지 덮여 있어서 비행기는 지상 10미터 미만의 높이를 날아야만 했다. 콤파스의 바늘은 어지럽게 흔들렸다. 나는 우선 위치를 확인하기 위해서 곧바로 비행하기로 했다. 포오스 만의 어느 쪽을 비행하고 있는지조차 모를 지경이었다. 가장 알기 쉬운 목표는 드렘 비행장일 것으로 짐작되었다. 토요일에 가 본 그곳이다. 몇 분 안 지나서 나는 위치를 알게 되었다. 에딘버러로 가는 도로가 보였다. 쏟아지는 빗줄기, 시계(視界)는 어둡고 드렘 비행장 위에 와 있었다.

그 순간 내 눈에는 이상한 광경이 펼쳐졌던 것이다. 비행장과 내 비행기의 주위에는 눈부실 만큼 환한 햇빛이 비치는 것이 아닌가. 비는 깜쪽같이 멎었고 격납고들은 북서쪽의 입구가 열려 있었다. 포장된 에프런(격납고 앞의 광장) 위에 새 비행기 4대가 나란히 서 있었다. 세 대는 쌍엽기(雙葉機)로서 '아폴로 570N'이라고 불리는 표준형 연습기였고, 나머지 한 대는 처음보는 단엽기(單葉機)였다. 당시 영국 공군에는 단엽기가 없었다. 하지만 내가 그때 본 그 기종(機種)은 내내 내 기억에 분명히 남아 있었는데, 그것은 나중에 연습기로 등장한 매지스터와 같은 것이었다.

또 하나 이상한 것은, 에프런에 있는 비행기가 모두 황색으로 칠해져 있었던 일이다. 1935년 당시의 영국 공군기는 모두 알미늄 빛깔로 통일되어 있었고, 노랑 빛깔의 비행기는 없었다. 영국 공군의 연습기가 황색으로 칠하게 된 것은 1934년의 일로서, 공군 확장에 따라 비행학교에서의 사고가 늘어난 결과 연습기를 따로 구별하기 쉽게 칠할 필요가 생긴 때문이었다.

제일 앞쪽에 있는 격납고 입구에서는 또 하나의 단엽기가 밀려 나오고 있었다. 그 비행기를 밀고 있는 정비원은 푸른 작업복이었다. 지상에서 불과 몇 미터의 저공에서 나는 격납고를 넘으려고 비행기를 급상승시켰다. 그 순간의 요란한 폭음으로 보통 때면 지상의 사람들이 깜짝 놀랐을 것이다. 격납고를 아슬아슬하게 스쳐 넘는 그런 비행부터가 우선 군법회의 감이었다. 정비원들은 마땅히 내 비행기를 쳐다봤어야 했다. 그런데 아무도 위를 쳐다보는 사람은 없었다. 나는 매우 이상하다는 느낌이 들었다.

그리고 또 하나 이상한 것은 정비원들이 푸른 작업복을 입고 있는 점이었다. 영국 공군의 정비원은 갈색 작업복 밖에는 입지 않는다.

순간적으로 내 비행기는 격납고의 지붕을 넘었는데, 갓내린 비에 젖어 번들거리기는 했으나, 그 역청질(瀝靑質)의 지붕 재료는 아주 새롭고 고급이었다. 격납고 주위의 포장도 새로 되어 있었다.

그 밖에 특히 색다른 것이나 특징이 뚜렷이 생각나는 것은 없었으나 일순간 본 그 광경에는 기이하고 낯선 점이 많았다는 인상만은 분명하다. 토요일에 찾아갔을 때에는 전혀 못본 것들이었다. 격납고의 줄은 끝에서 끝까지가 150미터 정도였다. 잠간 사이에 지나가는 거리였다. 나의 비행기는 다시 억수 같은 비 속으로 들어갔다. 나는 다시 한번 산악 지대의 상공을 덮은 먹구름을 뚫고 나가야만 했다.

내가 조금 전에 본 그 비행장은 비행기의 이착륙(離着陸)에는 더할 나위 없이 좋은 시설이었다. 가시철망은 없고 소나 양떼도 보이지 않았다. 지면은 반듯한 잔디밭이었다. 활주로는 본 기억이 없으나 어쨌든 잔디밭 비행장으로서는 1급 시설이었다.

나는 왜 그 비행장에 착륙하지 않고 다시 악천후 속으로 뛰어 들었을까? 아마도 그것은 내가 내 자신의 눈을 믿지 않았던 탓일 것이다. 나는 그곳에 착륙해 볼 생각은 전혀 못했었다. 악천후 속에서 고통스러운 비행을 하는 동안, 나는 그것을 순간적인 환각이었다고 자신을 타일렀는지도 모른다. 하기는 그랬던 기억조차 없다. 근무에 충실한 장교로서, 주말 비행의 특권을 남용하지 않으려는 생각이 앞선 나머지, 그대로 근무지에 직행하려 했던 것인지도 모른다. 나는 악천후 비행에 대해서는 내 나름대로의 자신이 있었다. 두터운 구름의 층을 뚫는 데 실패한 직후이면서도 나는 여전히 자신있게 비행을 계속했다.

사실 나는 성공했다. 5천 미터 남짓한 상공까지 올라가서, 얼마간의 호흡곤란과 심한 추위를 느끼면서도 환한 햇볕이 비치는 고공을 비행했던 것이다. 나는 시험 삼아 6천 3백 미터의 고공까지도 올라가 봤는데 내 몸은 거뜬히 견디어 냈다.

나는 11시 경 앤드버에 착륙했다. 장교 식당에서 나는 아침을 먹으러 온 동료들을 만났다. 그들은 나와 마찬가지로 모두 공군 중령이었다. CA스티븐스도 있었고 헤이록도 함께

였다. 거기서 나는 경솔하게도 드렘에서의 이상한 경험을 이야기했다. 다들 재미있게 들어 주었지만, 바로 믿지는 않고, 다음 번 스코틀랜드에 갈 때에는 술을 과음하지 말라고 조심시키는 것이 고작이었다. 하기는 나 자신도 꿈 속의 일만 같이 여겨지는 것이었다. 나는 그 이상, 입을 다물기로 했다. 공군 장교로서 비행중에 환각을 일으켰다는 것은 결코 명예스러운 일이 아니었다. 정신 상태를 의심받아 '비행 금지'나 '치료를 받으라'는 처분을 받게 되면 큰 일이었다.

여기서 생각나는 것은, 비행 접시를 보았다는 파이롯들에 대한 영국 공군의 태도이다. 파이롯들은 엄중한 견책을 받았고, 비행 접시를 보았다는 그런 환각을 일으키거나 말하지 말라는 주의를 받았던 것이다. 만일 지휘 본부에서 그것이 환각이었다는 결론을 얻었다면 '비행 금지' 또는 '입원 가료'의 처분을 당했을 것이다.

그후 히틀러의 위협이 증대함에 따라 영국 공군도 확장을 서두르지 않을 수 없어졌다. 폐지했던 옛 비행장이 다시 이용되기 시작했다. 제1차 대전 때의 임시 비행장도 대부분 부활되었다. 격납고가 수리 또는 개조되었다. 더러는 아주 헐어내고 새로 지은 격납고도 있었다. 드렙 비행장의 경우도 그러했다. 드렘의 설비는 재건되고 1939년에 비행훈련 학교가 되었다.

배치된 연습기는 노랑 빛깔의 '아폴로 540N' 쌍엽기와 단엽기 매지스터였다. 고다드가 4년 전에 본 기종과 꼭 같은 것이었다. 그리고 이 무렵부터 정비원들은 푸른 작업복을 입도록 바뀌어져 있었다. 비행장은 정비되고 땅 임자는 다른 곳으로 이전되었다. 공군의 규격에 따라 비행학교로서의 설비는 완비되었다. 예전의 격납고는 철저되고 새 격납고가 세워졌다. 갈색 작업복은 사라지고 푸른 작업복 일색뿐으로 바뀌었다. 고다드의 환각은 그대로 현실이 되었던 것이다. 고다드 중장은 이렇게 말하고 있다.
 "이 경험은 대체 무엇이었을까. 그것이 현실 또는 꿈의 세계와는 어떤 관련이 있는 것일까. 지금도 새삼스레 생각나는 것은 그때의 그 눈부시던 햇빛이다. 그 빛은 아주 밝고 찬란했다. 하지만 보통의 햇빛과는 좀 다른 어떤 영묘(靈妙)함이 느껴졌었다. 지상에서 작업하는 정비원들의 모습에서도 그런 신비스런 느낌이 느껴졌었다. 그 동작이나 작업 상태는 극히 자연스럽게 보였으나, 그들은 저공으로 비행하는 내 비행기에 대하여는 아무런 반응도 보이지 않았다. 그들에게는 나의 비행기가 보이지 않고 폭음도 들리지 않는 모양이었던 것이다. 이 점에 있어서는 그들이 오히려 내 존재보다도 더 현실적이 아닐까 하는 느낌이 들 정도였다. 하지만 나는 분명히 내 비행기를 타고 비행하고 있었다. 나의 혼백이 내 육신을 벗어나 있었던 것은 결코 아니다. 나는 상황의 변화를 의식하고 있었으며 비행기의 폭음도 평소와 다름없이 들렸다. 격납고를 스치듯이 상승할 때의 감각도 분명했다. 어쨌든 나의 행동에는 무의식적인 점은 전혀 없었다. 다만 정신적 충격이 없었다고 할 수는 없다. 불안에서 오는 긴장도 있었다. 구름 속에서 조종의 자유를 잃었을 때는 몹시 당황했고 사실 죽음 직전에 있었다. 그리고 방파제의 안벽이 눈 앞을 막았을 때도 깜짝 놀랐었고 악천후 속에서의 비행에 나의 신경은 계속 긴장되어 있었다.
 꿈과 환각이 어떻게 다르냐고 묻는다면 그 구별을 말하기란 극히 어렵다. 늘어서 있던 황색 비행기는 그야말로 현실 그것이었다. 비에 젖어 번들거리던 격납고의 지붕도 또한 그러했다. 대개 꿈 속에서는 사물이 그렇게 현실적으로는 느껴지지 않는 법인데, 비행장의 광경은 아주 현실적이었다. 거기서 내가 본 것에는 현실감보다 희미한 것은 하나도 없었다."

8. 나는 과거를 목격했다

 1943년 10월 3일, 오전 9시 2분 전의 일이었다. 비브라스카 감리교대학 부속교회의 주임 목사 비서인 코린 페터보그 부인은 에딘버러로부터 초빙되어 온 음악 교수의 사무실로 들어갔다.
 문을 열고 들어선 그녀는 몇 걸음만에 문득 발길을 멈췄다. 낡아빠진 빈 집에서 나는 곰팡이 냄새가 코를 찔렀기 때문이었다. 동시에 가까이 있는 음악 교실에서 들려오던 학생들의 말소리와 마린파의 그 독특한 소리도 뚝 그치고, 이 세상의 것과는 다른 야릇한 고요만이 휩싸이는 것이었다.
 스코틀랜드에서 온 음악 교수는 그 방에 없었다. 그런데도 어떤 인적이 느껴져서 그녀의 시선은 옆방의 벽에 놓인 악보 책장으로 끌려 갔다. 그곳에는 웬 여성이 서 있었다. 페터보그 부인은 그때의 일을 다음과 같이 기억하고 있다.
 "그 여성은 등을 돌린 자세로 책장 설합을 열어 잡은 채 꼼짝 않고 서 있었습니다. 내가 보고 있다는 것을 전혀 모르는 모양이었습니다. 그녀는 내내 몸을 조금도 움직이지 않았습니다. 그녀는 별로 투명해 보이거나 하지는 않았지만 그래도 나는 그녀가 이 세상의 사람이 아님을 알았습니다. 내가 보고 있노라니까 그녀의 모습은 갑자기 사라졌습니다. 부분적으로 서서히 사라지는 것이 아니라 모습 전체가 훅 꺼지는 것이었습니다.

그녀가 사라진 다음에야 알아차렸는데 방에는 누군가 또 다른 사람이 있다는 느낌이 들었던 것입니다. 왼쪽에 놓인 책상 앞에 어떤 남자가 앉아 있다는 느낌이 내내 들었습니다. 하지만 내가 그쪽을 보았을 때에는 아무도 없었습니다. 누가 앉아 있다는 그 느낌이 언제 없어졌는지는 분명치 않습니다. 나는 책상 너머로 그 여성을 지켜보고 있는 동안이었기 때문입니다.

나는 무서운 생각이 들어 즉시 그 방을 뛰쳐 나왔습니다. 걸어 나왔는지 뛰어 나왔는지조차 모르겠습니다. 내가 그 여성쪽을 보고 있는 동안 내 눈에는 현실적인 것은 하나도 보이지 않았습니다. 창문으로 보이는 매디슨 가로(街路)는 물론, 새로 건축한 윌러드 여학생 클럽의 건물도 보이지 않았습니다. 나는 그때 알아차렸습니다. 그 사람들은 우리 시대의 사람이 아니며, 나는 그 사람들의 시대로 거슬러 올라간 것임을……

복도로 나왔을 때에야 비로소 귀에 익은 학생들의 떠들썩한 소리가 들렸습니다. 시간으로 따지면 불과 몇 초 사이의 일이었을 것입니다. 신입생 지도의 강의를 받는 여학생들은 여전히 수강중이었습니다."

페터버그 부인은 음악 교수를 찾아 주임 목사의 말을 전할 생각도 잊어버렸다. 그녀는 놀라 까무라치지는 않았으나 평소의 명랑성은 잃고 말았다. 그녀는 곧 C·C·화이트 관(館)을 나와서 본관에 있는 자기 사무실로 돌아왔다.

그녀는 타이프라이터 앞에 앉아서 일을 하려고 했으나, 거의 한 시간이나 멍하니 앉았을 뿐 일이 손에 잡히지가 않았다. 그녀는 그 이상한 경험으로 마음이 온통 뒤숭숭하기만 했다. 주임 목사는 늘 쾌활하던 비서가 말도 없이 안절부절해 하는 것을 보고 무슨 걱정이라도 생겼느냐고 물었다. 그녀는 모든 것을 털어 놓기로 결심했다.

주임 목사는 비서의 이야기를 유심히 들어주었다. 그녀의 말이 사실이라는 것을 주임 목사는 의심치 않았다. 그녀의 태도는 그만큼 진지했던 것이다.

주인 목사는 여러 직원들을 불러 패터버그 부인이 경험한 일을 자세히 검토해 보았다. 그러자 한 사람이 이런 말을 하는 것이었다.

"나도 그런 유령을 본 일이 있습니다. 신장은 1미터 80정도, 검은 머리의 여성이었습니다. 모든 것이 크라릿사 밀즈 양과 흡사해 보였습니다."

밀즈 양은 피아노 교수로서 음악 이론도 강의했었는데, 문제의 사무실을 쓰고 있었고, 그 맞은편 방에서 죽었다. 1936년의 일이었다.

이 이야기는 곧 비브라스카의 〈링컨 신문〉에 의해 자세히 보도되었다. 유명한 의사심리학자(擬似心理學者) 가드니 머피 교수는 이 소식을 듣고 일부러 링컨 시에 찾아와 페터버그 부인과 꽤 긴 인터뷰를 했다. 그녀는 당시 창문으로 본 풍경에 대해 흥미있는 사실을 밝혔다.

"창문은 열려 있었습니다. 퍽 이른 아침이었는데도, 상당히 무더운 여름철의 오후와 같은 인상을 받았습니다. 참으로 고요했습니다. 드문드문 나무가 있었습니다. 오른쪽에 두 그루, 왼쪽에 세 그루 쯤 서 있었습니다. 그리고 사방은 온통 넓은 들판이었습니다. 윌러드 여학생 클럽의 건물도 매디슨 가로도 없었습니다. 오른쪽으로 건물 비슷한 것이 보인 듯도 한데 기억에 분명한 것은 넓다란 들판 뿐입니다."
 그후 머피 박사는 다시 페터버그 부인을 찾아와서 조사를 했다. 이때는 토피커 VA병원의 정신병학자로서 심령현상에 관심을 지닌 하버트·L·크레미 박사가 동행했다. 머피 교수는 이렇게 설명하고 있다.
 "이런 종류의 경험은 정신적 이상을 나타낸 것은 아니며, 다만 시간에 관한 이상 체험은 이미 널리 알려진 여러 가지 뇌엽(腦葉) 기능의 일시적 장해와 관련이 많다는 가정(假定)을 바탕으로 설명할 수밖에 없다. 그리고 이런 사건이 일어날 때마다 그 원인에 대하여 생리학과 심리학의 양면으로부터 이해될 수 있도록 연구에 귀중한 도움이 된다."
 주임 목사와 그 밖의 교직원들도 인터뷰를 받았다. 두 연구가는 페터버그 부인의 안내로 화이트 관에 있는 문제의 사무실에도 가 보았다. 두 연구가의 눈에는, 페터버그 부인은 아주 솔직하고 현실적이며 명랑한 성격의 매우 평범한 여성으로 보였다. 공상이나 환상과는 전혀 거리가 먼 인품이었다. 나이는 40대 전반이었고 네 자녀가 있으며 가정도 원만했다. 대학에는 종일 근무하고 있으며 온전하고 쾌활한 성격이 누구에게나 호감을 사고 있었다. 미국 심령 연구협회의 1966년 10월호 화보에는 다음과 같이 실려 있다.
 "페터버그 부인은 매우 솔직하고 협조성이 풍부한 여성이며, 그 보고에는 모순이 보이지 않을 뿐더러 직접 경험한 것 이상의 말을 했다는 증거도 없다."
 끈덕진 조사가 계속되는 동안 마침내 한 장의 그림이 발견되었다. 그것은 예전의 대학 주변을 그린 그림이었다. 그 풍경은 페터버그 부인이 말한 내용과 완전히 부합되는 것이었다. 그리고 크라릿사 밀즈라는 이름의 음악 교수의 모습이 그 유령과 꼭 같았었다는 것도 판명되었다. 그녀는 1912년부터 1936년 죽을 때까지 이 대학에서 근무했다. 두 연구가는 옛날의 연감(年鑑)을 구했다. 그것은 페터버그 부인이 본 일이 없는 책이었다. 그 연감에는 밀즈 양의 사진이 실려 있었다. 〈미국심령연구협회 회보〉에는 다음과 같이 보고되어 있다.

"페터버그 부인은 그 사진이 유령의 머리 모양과 일치함을 인정했다. 사진은 1915년 촬영된 것이었다. 밀즈 양을 기억하고 있는 늙은 대학 직원의 말을 들어본즉, 그녀는 무척 키가 크고 몸이 날씬하며 머리가 검은 노처녀로서, 음악 특히 합창에 관심이 깊었다는 것이었다. 유령이 그 앞에 있었다는 책장을 조사해 본즉 합창용 편곡 악보가 들어 있었다는 것이 판명되었고, 그 대부분은 1936년 밀즈 양이 죽기 전의 것이었다."

이 사무실을 쓰고 있던 밀즈 양은 대학의 합창대에 관계하고 있었다. 더욱 흥미깊은 일은, 유령이 오른 손으로 열어 잡고 있던 악보 책장의 오른쪽 위에 있는 설합에서는 바흐와 베를리오즈 등의 곡에서 편곡한 합창곡집이 발견되었다는 그것이다.

페터버그 부인은 그날 아침 합창대를 위한 편곡을 완성하는 일때문에 주임 목사의 부탁을 음악교수에 전하러 그 방으로 갔었던 것이다. 아마도 그런 볼 일이 머리에 들어 있었기 때문에, 페터버그 부인은 자기도 모르는 사이에 과거와 파장(波長)이 통하는 결과가 되고, 그 옛날 역시 합창곡을 완성하기 위해 이 방에서 일하던 사람의 그 시점(時點)으로 거슬러 오르게 되었을 것이다.

어쨌든 이 사건은 이 세상에 미련이 남아 제 자리로 돌아가지 못하는 가엾은 영혼이 유령이 되어 나타난 것이 아니라, 현재의 인간이 과거의 시점에 이르러 옛날의 광경을 잠간 본 진정한 체험이라고 할 수밖에 없을 것이다.

9. 보이지 않는 현재를 목격한 여성

 이 이야기는 루이자·A·라인 여사가 세계 각지로부터 그녀에게 보내 온 원격투시(遠隔透視)의 실화를 소개한 《생활과 실험실에 있어서의 ESP》라는 책에 실려 있는 것이다.
 이 이야기의 주인공이 원격투시 능력의 소유자인지 아닌지는 소개된 바 없다. 어쨌든 주인공은 다음과 같은 특이한 체험을 했던 것이다.
 "이 이야기는 꿈으로 사건을 미리 알고 있었다는 그런 종류의 이야기가 아닙니다. 그런 것이 아니라, 물리적으로 현장에서 80킬로나 떨어진 곳에 있던 내가 그 몸에 사고가 생긴 본인과 함께 어떤 무서운 경험을 했다는 부정할 수 없는 사실에 관한 것입니다.
 나는 한동안 자택에서 떨어져 지낸 일이 있었습니다. 주말에는 어머니를 만나기 위하여 80킬로나 되는 길을 자동차로 가는 것이 보통이었습니다. 어느 수요일 밤의 일입니다. 그 날 밤, 웬 일인지 나는 기분이 어수선해서 그저 방 안을 서성거리고 있었습니다. 나는 책을 읽어도 보았지만 역시 글자에 정신이 집중되지는 않았습니다. 나는 혼자 지내는 살림이 별로 거북스럽거나 외롭다고 여겨 본 일은 없었습니다. 나는 독서하기를 즐겼고, 선천적으로 신경질인 편은 아니었습니다. 10시, 11시로 밤이 찾아옴에 따라 나의 기분은 점점 불안해지는 것이었습니다. 마침내 나는 '대체 어찌 된 셈일까?' 하고 혼잣말을 할 정도였습니다.

내가 들어 있는 집 안은 괴이했습니다. 동거(同居)하고 있는 옆방의 식구들은 모두 잠든 모양이었습니다. 한밤중에 나는 갑자기 무서운 생각이 들어 양손을 짝 마주잡고 방 한가운데 우뚝 서 있곤 했습니다. 마침내 안집 부인도 알아차리고 방문을 두드리면서 무슨 일이 있었느냐고 묻는 것이었습니다. 나는 내 방으로 온 부인에게 어쩐지 불안하고 가슴이 두근거려서 못견디겠다고 말했습니다.

이윽고 부인은 돌아갔고, 나는 잠자리에 들었습니다. 하룻밤 푹 자고 나면 공연히 그랬었구나 하는 생각에 웃을 것이라는 생각을 하면서……. 전등을 끄고 눈이 감길 무렵은 그럭저럭 1시 15분이 가까와진 깊은 밤이었다.

나는 문득 눈이 번쩍 뜨였다. 무슨 우르릉 소리가 요란하게 들렸던 것입니다. 나는 눈을 크게 뜨고 침대 위에 일어나 앉아서 어둠 속을 응시했습니다. 무슨 일일까 하고 나는 몇 번이나 고개를 흔들어 보기도 했습니다. 이윽고 어둠 속에 무엇인가가 보여왔습니다. 검고 길쭉한 것이 잇달아서 회색빛을 반짝이며 지나가는 것이었습니다. 우릉우릉 떨그럭거리는 소리는 더욱 심해졌습니다.

'기차다, 기차가 지나간다!'

그 순간, 비명 같은 목소리가 들렸습니다. 그것은 어머니의 음성이었습니다. 어머니는 '베티야!' 하고 나의 애명을 부르는 것이었습니다. 그것은 구원을 청하는 절박한 목소리였습니다. 나는 침대 한가운데로 옮겨 앉아서 기도를 드렸습니다.

'부디 어머니를 도와줍소서. 부디 하느님!'
왜 그러는지도 모르면서 나는 몇 십번이나 같은 말을 되풀이 했습니다. 그러다가 나중에는 침대에 얼굴을 파묻고 울었습니다.
안집 부인이 방문을 노크하고 들어와서는 전등을 켰습니다. 내가 자꾸 무슨 말을 지껄이고 우는 바람에 놀라서 찾아왔다는 것이었습니다. 나는 방금 있었던 일을 말하고 어머니한테 전화해 볼 것을 의논했습니다. 부인은 아침까지 기다려 보라고 했습니다. 나는 몹시 피곤해서 이내 잠이 들었고 아침 늦게야 눈을 떴습니다.
자리에서 일어난 다음에도 간밤의 일이 생생하게 머리에 남아 있었습니다. 하지만 햇빛이 환한 탓인지 그 일로 해서 집에 장거리 전화를 걸기는 좀 어정쩡한 느낌이 앞섰습니다.
집에서도 아무런 기별이 없었습니다. 토요일이 되자 나는 여느 때처럼 자동차로 어머니를 찾아갔습니다. 어머니는 집에 계셨습니다. 내 선물 꾸러미를 끌러 놓고 그동안의 이야기를 나누기 시작했습니다.
나는 그날 밤 이야기를 했습니다.
'어머니, 지난 수요일 밤 1시가 좀 지나서요, 어머닌 그때 어디 계셨어요. 어디 기차가 지나가는 길목에 가시지 않았었어요?'
그러자 어머니는 표정이 어두워지는 것이었습니다.
'그래, 에밀리한테도 말했어! 아무에게도 그 얘기는 하지 말라고 했는데……'
나는 자동차로 혼자 곧바로 왔고 아무와도 말을 주고받은 일이 없다고 했습니다. 다만 지난 수요일 밤 1시가 지났을 무렵 기차 소리에 놀라 잠을 깼고, 또 기차를 보았는데 그때 어머니가 내 이름을 부르는 비명 소리를 들었노라고 말했습니다. 그랬더니 어머니는 얼굴빛이 하얗게 질려서 한동안 당황해 하시는 것이었습니다.

이윽고 어머니는 이런 이야기를 들려 주었습니다. 그날 밤 어머니는 친지와 함께 좀 떨어진 댄스 클럽에 다녀오는 길이었습니다. 길이 약간 언덕진 그곳에는 철도를 가로지르는 건널목이 있었습니다. 어머니의 자동차가 막 건널목에 이르렀을 때 기차가 지나갔습니다. 충돌 직전, 어머니는 엉겁결에 핸들을 꺾어 기차길 옆으로 차를 돌려서 가까스로 죽음을 면했다는 것이었습니다.

어머니는 그 순간 아무 말도 한 기억이 없는데, 차에 동승한 친지의 말로는 어머니가 '베티야!' 하고 소리질렀다고 일러 주더라는 것이었습니다.

나는 어머니의 이야기를 듣자, 새삼스레 그날 밤의 소름끼치던 느낌이 되살아 났습니다. 나는 그때 얼마나 겁에 질려 기도하고 울었는지 모른다는 이야기를 모두 털어 놨습니다.

그런데 그것은 대체 어찌 된 일이었을까요? 나는 밤의 건널목을 지나가는 기차를 분명히 보았고, 레일을 울리며 달리는 차바퀴 소리를 그처럼 생생하게 들었던 것입니다. 더구나 나는 지금까지 한밤중에 건널목을 지나가는 기차를 본 일이 한 번도 없습니다. 그날 밤 80킬로나 떨어져 있는 그 건널목을 통과하는 기차를 본 것이 나에게는 그런 광경을 본 유일한 경험이었습니다."

10. 재연(再演)된 옛 전투 장면

 1642년의 크리스마스 이브, 자정이 되기 직전의 일이었다. 잉글랜드의 케인튼 근교(近郊) 사람들은 돌연히 일어난 요란한 전투 소리에 가슴이 내려앉았다. 이 지방의 주민들은 양치기나 목장에서 일하는 사람들이 대부분이었다. 그들은 일제히 밖으로 뛰쳐 나왔다.
 그런데 나와서 보니 그것은 현실적인 전투가 아니었다. 그 일대를 중심으로 벌어졌던 지난날의 전쟁이 그대로 재연(再演)되고 있는 것이었다. 그해 10월 잉글랜드에서 내란이 일어났을 때, 왕당파와 크롬웰이 이끄는 청교도파가 엣지힐에서 격전을 벌렸는데, 그 전투 장면이 생생하게 전개되고 있었다.
 전투는 처음부터 끝까지 실제로 있었던 그대로 진행되었다. 3시간 남짓하게 격전이 벌어진 끝에 마침내 크롬웰 쪽의 승리로 싸움은 끝나고 함성이 울려 퍼졌다.
 목격자들은 눈이 휘둥그레져서 그길로 그곳의 유지인 윌리엄 우드 판사와 사뮤엘 마아샤 신부한테로 달려갔다. 잠에서 깨어난 두 사람은 다같이 마을 사람들의 이야기를 곧이곧대로 듣지 않고 웃기만 했다. 하지만 이 두 유지도 이튿날 밤에는 웃지를 못했다. 그들은 직접 그 재연되는 전투 장면을 목격했기 때문이었다.

 이 소문은 퍼져서 옥스퍼드의 국왕 차알스 1세의 귀에까지 전해졌다. 차알스 1세는 그런 이야기를 믿지는 않았으나 불온한 소문을 그대로 둘 수 없다고 하여 가장 냉정한 세 부하를 현지로 파견하여 진상을 조사시켰다.

 파견된 세 사람, 루이스 커어크 대령과 댓드리 대위, 웨인만 대위는 목격자들을 개별적으로 일일이 만나 알아보았다. 마을 사람들의 증언은 하나 같았다. 하지만 이들 세 사람은 어디까지나 터무니 없는 소리로만 여겼다.

 그런데 토요일과 일요일, 이틀 밤을 계속해서 언덕 중턱에 앉아 있는 세 장교의 눈 앞에서 다시금 그 전투가 재연되었다.

 전투는 처음부터 끝까지 그들이 지난날 경험한 그대로 전개되는 것이었다. 그리고 그들이 잘 아는 병사들의 모습이 똑똑히 보이기까지 했다.

 옥스퍼드로 돌아온 세 장교는 입이 딱 벌어진 국왕 앞에서, 자기들이 직접 목격한 광경을 자세히 보고하면서 하늘에 맹세코 그것이 사실임을 증언했다.

 이 현상에 대해서는 오늘날까지 아직도 확실한 해명이 된 바 없다.

11. 예언하는 말(馬) 원더 부인

 예로부터 예언자는 많이 있었고 미래를 점치는 방법에 갖가지 수단이 있다. 하지만 얼마 전에 33세의 나이로 죽은 말 '원더 부인'만큼 신비스런 존재는 좀처럼 없을 것이다.
 예전에 닭이나 새의 창자로 미래를 점치는 방법이 유행한 일은 있었으나, 동물에게 미래의 일을 물어보는 그런 식의 점(占)은 없었던 것으로 안다.
 문제의 동물은 버지니아주의 피터스버그에서 일생을 마친 암말로서, 경이적인 존재임을 뜻하는 '원더 부인'이라는 이름으로 불리었다. 이 말은 실제로는 말을 하지 못했으나 늘어놓은 알파벳 글자를 콧등으로 가리켜서 대답할 줄 알고 있었다.
 〈시카고 트리븐〉 신문이 보도한 바에 의하면, 이 '원더 부인'은 루우즈벨트가 미국 대통령이 된다는 것을 예언했는데, 그것은 루우즈벨트가 대통령 후보의 지명을 얻기도 전이었다고 한다.
 또 이 말은 매년 월드 시리즈의 우승 팀을 알아맞추곤 했던 것으로도 유명하다.
 1955년 10월 11일의 일이었다. 세 살 짜리 어린아이가 숲속에서 행방불명된 사건이 일어나서, 신문들이 떠들썩했고 경찰은 대대적인 수색을 벌였다.

이때 현장에서 40킬로 쯤 떨어져 있는 보르민튼 시의 WT 텔레비젼 방송국에서 뉴스 편집을 담당하고 있던 작가 프랭크 에드워드는 '윈더 부인'에게 사람을 보내어 어린아이의 행방을 물어보게 하였다.

'윈더 부인'의 대답은 곧 방송으로도 발표되었는데, 그것은 어린아이가 결코 유괴된 것이 아니라, 추위와 굶주림을 견디다 못해 아이는 죽을 것이며, 1월 중순 어떤 느릅나무 곁의 모래밭에서 시체로 발견되리라는 것이었다.

그 어린아이의 시체는 1월 4일에 발견되었다. 모든 상황은 '윈더 부인'의 예언과 완전히 일치했던 것이다.

12. 소리를 내는 편지

 이 이야기는 런던의 북부 이즈린튼에서 살고 있는 안나 데이비즈 부인이 초심리학자 F·W·H·메이어즈에게 말한 체험담이다.
 "몇년 전의 일입니다. 우리 이웃에서 자란 한 소녀는 제이슨 워커라는 남성과 결혼했습니다. 그런데 결혼 직후 워커씨는 갑자기 인도로 가야만 하게 되어 떠났고, 워커 부인은 친정에 남았습니다. 그러자 얼마 안 되어 이 친정도 사정이 생겨 다른 곳으로 이사했습니다. 아직 남편한테서는 주소를 알려오기 전이었으므로 워커 부인은 이사한 곳을 남편에게 알릴 길이 없었습니다. 남편이 인도로 떠날 당시 워커 부인의 친정이 살던 집에는 브라운씨 가족이 이사왔는데, 브라운 부인은 전부터 나와는 잘 아는 사이였습니다.
 어느 날 밤, 브라운 부인을 방문했더니 그녀는 나에게 워커 부인 앞으로 인도에서 온 편지를 주었습니다. 워커 부인의 동생과 내 동생이 친구 사이라는 말을 듣고, 동생 편에 워커 부인에게 전해 달라는 것이었습니다.
 그 편지는 어쩐지 지저분해 보였으며, 서투른 글씨로 주소와 이름이 적혀 있었습니다. 편지 봉투의 크기는 보통이었습니다.

나는 그 편지를 거실의 매틀리스 위에 얹어 두고 의자에 앉아 있었습니다. 곧 동생이 돌아올 시간이었습니다. 물론 나는 그 편지에 대해서는 별로 관심이 없었습니다.

그런데 나 혼자 있는 조용한 방에서 전에 없이 재깍재깍하는 소리가 들리기 시작했습니다. 아마도 어머니가 침실에 놔두는 구식 시계를 거실에다 갖다 놓은 것이려니 여겼습니다. 나는 사방을 둘러보았습니다. 하지만 어디에도 시계는 없었습니다. 나는 이상하다는 느낌이 들었습니다. 재깍재깍 하는 소리는 꽤 크고 또렷했습니다. 그런데 자세히 보니, 그 소리는 매틀리스 위에 있는 편지에서 들려오는 것이었습니다.

나는 깜짝 놀라서 그 편지를 다른 장소로 옮겨 놓아 보았습니다. 그랬더니 편지가 있는 데서 재깍재깍 소리가 또 들려 왔습니다. 그러는 동안에 약 한 시간이나 지났습니다. 나는 더 견딜 수가 없어서 방을 뛰쳐 나가 현관에서 동생이 돌아오기를 기다렸습니다.

동생이 돌아오자 나는 곧 동생을 거실로 데리고 갔습니다. 무슨 소리가 나지 않느냐고 물었습니다. 그러자 동생이 말했습니다.

"시계 소리가 들리는데……"

방에는 시계가 없었습니다. 동생은 편지가 있는 데까지 가더니 소리쳤습니다.

"이런! 이 편지에서 소리가 나네요!"

동생은 그 편지를 이리저리 옮겨 놓으면서 편지에서 나는 소리를 들어보는 것이었습니다. 봉투 속에는 아무리 만져 봐도 종이 한 장밖에는 들어 있는 것같지 않았습니다. 하지만 재깍재깍 소리는 계속해서 들렸습니다. 몹시 독촉하는 듯한 소리여서 잠시도 가만히 앉아서 듣기에는 거북스러웠습니다.
 동생은 이튿날 아침 워커 부인을 찾아가서 그 편지를 전했습니다. 워커 부인이 봉투를 뜯어 보니, 그 속에는 남편이 열사병으로 급사했다는 소식이 들어 있었습니다. 편지는 워커씨의 하인이 쓴 것이었습니다.
 사실은 그 편지에서 재깍재깍 소리가 나지 않았던들, 나도 동생도 그 편지를 전하는 데 그렇게 신경을 쓰지 않았었을 것입니다.
 나는 여태까지 환각이라는 것을 경험한 일은 없습니다. 다만 이런 경험은 있습니다. 어느날 나는 큰길에 면한 도어를 크게 노크하는 소리를 들었는데, 마침 그 시간에 멀리 떨어진 곳에서 아버지가 돌아가셨던 것입니다. 그때 나는 얼른 도어를 열어 봤는데 거기에는 아무도 없었습니다. 하기는 누군가 지나가는 사람이 장난삼아 도어를 노크하고 사라졌는지도 모르는 일이었습니다. 우리 집은 번화한 도로 옆에 있었으니까요.
 나는 또 친척의 한 분이 운명(運命)할 때, 재깍재깍 하는 시계 소리를 들은 일도 있기는 하지만 아마도 그것은 나무에 머리를 부딪쳐서 사람의 죽음을 알린다는 '사자벌레'의 소리였을줄 압니다.
 데이비즈 부인의 동생 L·A·데이비즈씨는 누나와는 다르게 그의 경험을 심령협회 회보에 발표했습니다. 다음에 소개하는 그의 이야기는 데이비즈 부인의 체험담과 함께 F·W·H·메이어씨의 저서 《인간으로서의 존재와 그 사후(死後)의 생존》에도 수록되어 있습니다.
 "어느 날 밤, 나는 10시가 넘어서 집으로 돌아왔습니다. 누나는 나에게 말했습니다. '아는 집에 갔더니 인도에서 워커

부인한테로 부친 편지를 전해 달라고 부탁하더구나. 동생이 워커 부인네 집을 안다고 했더니만'
 그 편지는 매틀리스 위에 있었습니다. 누나와 나의 귀에는 재깍재깍 하는 소리가 분명하게 들렸습니다. 그것은 탁상 시계의 초침 소리와 꼭 같았습니다. 우리는 어디서 그 소리가 나는가를 살펴보았습니다. 그 결과 소리는 분명히 편지에서 난다는 것을 알았습니다.
 하지만 우리 귀에 들리는 그 소리의 원인을 설명할 만한 것이 어디에도 보이지 않았습니다.
 나는 이튿날 아침 그 편지를 워커 부인에게 전했습니다. 그것은 워커 부인의 남편이 인도에서 갑자기 죽었다는 소식이었던 것입니다. 원인은 확실히 말할 수 없지만, 그 이상한 소리로 해서 우리가 그 편지의 내용이 매우 바쁜 것임을 알아차렸던 것만은 사실이었습니다."

13. 미래를 찍은 사진

　이 이야기는 《실현되는 예언》의 저자이며 노스트라다무스의 연구로 유명한 스튜어트 로브씨가 커티스 기브슨이라는 사람에게서 들은 실화다.
　이야기의 주인공은 버먼트주 웰즈 리버의 B씨. 때는 제1차 대전이 일어나기 전, 그가 아직 뉴잉글랜드에 있던 젊었을 때의 일이다.
　B씨는 그 무렵 건축업에 종사하면서 몇달 간격으로 각 지방의 하숙집 신세를 번갈아 지는 신세였다. 그는 어느 날, 동료 한 사람과 함께 점장이를 찾아갔다. 물론 점이라는 것을 믿어서가 아니라 단지 일종의 호기심에서였다. 복채는 50센트였다. 그 여자 점술가는 간단하게 점을 치더니 이렇게 말했다.
　"앞으로 1년 이내에 선생은 결혼할 상대의 여성과 만나게 됩니다. 50센트만 더 주신다면 선생이 그 여성에게 넋을 잃을 때의 그분의 모습을 사진으로 보여 드리겠습니다."
　그런 일이 어디 있을까 하는 생각이 앞섰으나 어쨌던 흥미가 쏠렸다. 그래서 점장이의 말을 따라 50센트를 더 내놓았다. 여자 점술가는 한 동안 커어튼 뒤로 들어가 있었다. 이윽고 나온 그녀의 손에는 사진이 들려 있었다. 그것은 흔히 보는 스냅 사진이었고, 거기에는 코트를 입고 모자를 쓴 젊은 여성의 상반신이 찍혀 있었다. 여자 점술가는 그에게 이렇게 주의시키는 것이었다.
"이 사진을 더럽히거나 잃어버리지 마시요. 이 사진이 얼마나 소중한 것인지를 지금은 모를테지만 부디 잘 보관하시오."
라는 것이었다.
여자 점술가는 또 이런 말도 했다.
"선생은 녹색의 테를 두른 덧문이 있고 현관 양켠에 방이 있는 백색의 큰 건물에서 그 여성을 만나게 될 것입니다."
그로부터 몇 달 동안은 그런 모양의 건물에는 자연히 눈길이 끌리곤 했다. 하지만 아무 일도 새로 나타나는 것은 없었다. 그럭저럭 1년이 거의 지났고, 그도 차츰 예언 생각은 하지 않게 되었다(그러나 매일같이 사진은 보았다).
그러던 어느 날 저녁 그는 새로 일을 보게 된 거리를 찾아갔다. 어디서나 그랬듯이 그는 하숙집을 구해서 거처를 정했는데, 날이 어두웠으므로 그 집의 현관 양쪽에 방이 있고 현관문의 테두리가 녹색으로 되어 있는 건물인 것은 알아채지 못했다.
이튿날 아침 아랫층 식당에서 주인집 딸인 R양에게 소개되었다. 그때 R양은 모자를 쓰고 코트 차림으로 막 외출하려던 참이었다.
그는 그 젊은 여성이 이상하게도 낯설어 보이지가 않았다. 그녀가 외출한 후, 몇 분 동안은 어디서 본 여성일까, 하는 궁금증에 사로잡혀 있었다. 하지만 이내 그는 머리에 번득이는 짐작이 떠올라서 이층으로 달려 갔다.
틀림이 없었다. 그녀는 바로 그 사진의 여성이었다. 그런데 이상하게도 사진에는 사람의 모습은 남아 있지 않았다.
 그후 두 사람은 결혼했다. 그들은 그렇게 되게끔 이미 운명지어져 있었던 것이다. 그들은 행복한 가정을 이루었고 귀여운 자녀들도 태어났다. 그런데 나중에 알고 보니, R양이 그를 처음 만났을 때 쓰고 있던 그 모자는 새로 산 신품으로서 그날 처음으로 쓰고 나서는 참이었던 것이다.
 미래의 인물이 사진에 찍혔다는 이 이야기를 곧이 듣기 어려워하는 독자들도 적지 않을 것으로 생각한다. 여기 소개하고 있는 필자 자신도 그것이 절대로 틀림없는 사실이라고 주장할 근거는 아직 없다. 하지만 최근 영능자(靈能者)들에 의해 공개되고 있는 염사(念寫)라는 현상에 비추어 볼 때 전혀 있을 수 없는 일이라고만 부정할 수도 없는 것이다.
 매우 엄밀한 조건 밑에서 공개되는 실험의 경우, 영능자를 향한 포라로이드 카메라는 앞에 있는 영능자를 찍는 것이 아니라, 영능자의 영(靈)이 본 광경을 촬영하고 있는 것이다.
 이와 같이 인간의 현재 상념(想念)이 인화지에 찍혀지는 것이라면, 미래의 생각을 찍어내는 것도 가능하리라고 믿을 수 있지 않을까. 영능자는 미래를 본다. 그리고 그들은 그것을 그림으로 보는 것이 아니고 마음으로 보는 것이다. 그들은 마음으로 본 것을 말로 우리에게 전하는데 그 마음에 비치는 광경이 사진에 찍히고 있는 것이다.

14. 미리 받아 본 전보

 프랑스의 낸시 시(市) 과학협회의 일을 보는 투레 교수는 예비역 해군 장교로서 나중에 사업을 시작한 프라르씨와 함께 지낼 무렵 다음과 같은 이상한 일을 경험했다고 한다.
 당시 이들은 이탈리아의 비에몬드 현(縣)에 있는 리파나트오 광산을 재개발하기 위해 노력하고 있었다. 그 광산은 오래 전에 함몰되어 폐광(廢鑛) 상태로 방치되어 있는 유황 광산이었다.
 투레 교수는 당시를 이렇게 회상하고 있다.
 우리는 한 집에서 지내고 있었고, 친형제와도 같이 가까운 사이였다.
 프라르 부인은 트론에서 지내고 있었으며 나와도 안면이 있었는데, 부인은 얼마 후에 병원에 입원했다는 소식이었다. 두번째 해산을 위한 것이었고, 경과가 좋다고 했으므로 프라르씨도 아무 염려를 안 했고, 나 역시 별로 걱정되는 일은 없는 상태였다. 얼마 전, 프르강디에 있는 어머니가 차에서 떨어졌다는 소식을 받았지만 편지에는 이렇다 할 부상도 없었다고 적혀 있었다. 프라르씨와 나는 장지문을 사이에 둔 이웃방을 쓰고 있었는데, 날씨가 더운 철이었으므로 장지문을 아예 터놓고 지냈다. 어느 날 새벽 나는 문득 침대에서 일어나자 옆 방의 프라르씨 한테 가서 그를 흔들어 깨웠다.
"딸을 순산했다는 전보가 왔네."
내가 외치는 소리에 프라르씨는 눈을 부비며 일어나 앉았다. 나는 전보를 읽었다. 그러다가 번쩍 정신이 들어보니 나는 그때까지 잠을 자고 있는 중이었다. 전보를 펴 들고 있던 손에는 아무 것도 없었다. 하지만 내가 읽은 그 전문의 글자는 아직도 기억에 생생하게 남아 있었다.
나는 멍하니 서 있었다. 프라르씨는 나를 데리고 식당으로 가서 내가 읽은 전보문을 기록시켰다. 나는 기억을 더듬으면서 그 전보를 그림으로 그려 놓았다. 전보의 내용은 보통과는 좀 다른 식의 표현으로 되어 있었다. 6행으로 기억되는 그 전문을 2행까지는 내가 소리내어 읽었으므로 그 부분은 기억해 내기가 수월했다. 이윽고 잠옷바람인 우리의 모습을 보고 프라르씨와 나는 한바탕 웃었다.
사흘 뒤 나는 트리노로 갈 일이 생겼다. 나는 전보문의 나머지 부분을 기억해 내려고 애썼으나 헛수고였다. 나는 트리노에서 프라르씨가 보낸 전보를 받았다. 전문은 이러했다.
〈곧 오라, 꿈대로였다.〉
내가 그 꿈을 꾼 지 8일 후의 일이었다.
프라르씨는 급히 돌아온 내 앞에 전보 한 통을 내 보였다. 어제 저녁에 받은 것이라고 했다. 나는 첫눈에 그 전보가 분명히 내가 꿈에서 본 것과 꼭 같다는 것을 느꼈다.
전보문의 앞 부분은 내가 기록해 둔 것과 한 자도 다름이 없었다. 나머지 부분도 내가 그린 모양과 비슷했다. 나는 꿈에서 채 읽지 못했던 부분을 그제서야 읽게 되었다.
그런데 여기서 특히 신비스러운 점은 프라르 부인의 해산은 그 전날이었고, 따라서 이탈리아에 있는 나는 이전에 프랑스에 존재하고 있던 전보를 꿈에서 본 것은 아니라는 사실이다. 다시 말해서, 나는 초안이 되어 있거나 타전되거나 하지도 않은 전보를 이미 1주일 전에 받아 보았던 것이다. 내가 프라르씨에게 그 전보를 읽어 주었을 때는, 그 내용에 해당하는 사건이 아직 일어나기 훨씬 전이었다는 사실이다.

나는 이 현상을 여러 가지로 분석해 보고 어떻게 설명할 만한 근거가 없을까 하여 몹시 애써 보았다. 예전에 있었던 회화나 정신적 긴장, 또는 유추(類推)니 기대하는 마음이니 하는 따위와 관련지어 보려고도 했다. 하지만 결국 헛수고로 끝나고 말았다.

15. 조난(遭難)을 알려준 유령

 1951년 4월 16일 영국 해군의 잠수함 '아프레이호'는 75명의 승무원을 태운채 영국 해협에서 사라졌다.
 이 잠수함이 최후로 잠수한 지 30분도 안 되었을 그 시각에, 한 영국 해군소장 부인은 채널 군도(群島)의 곤다 섬에 있는 자택에 혼자 있었다.
 무심코 자리에 앉아 있던 부인은 순간 소스라쳐 쓰러질 뻔 했다. 잠수함 '아프레이호'에서 근무하는 기관 장교의 유령이 나타났기 때문이었다. 그는 예전에 남편 밑에서 근무한 일이 있는 낯익은 장교였으므로 부인은 곧 그의 유령임을 알아보았던 것이다.
 유령은 파랗게 질린 부인에게 말했다.
 "소장님에게 말씀 전해 주십시오. 하아드 해역 북단 세인트 캐더린 근방의 등대로부터 약 110킬로의 위치입니다. 전혀 예측하지 못한 사고였습니다."
 이렇게 말하고는 그의 모습은 사라졌다.
 부인은 곧 남편에게 전화를 걸었다. 해군 소장은 잠수함 사고의 보고는 아무 데서도 들어오지 않았다고 했다. 8시간 후, 잠수함 컨트럴 장치에 비로소 조난의 징조가 나타났다. 부상(浮上) 신호가 들어올 시각인데 아무 소식도 없었던 것이다.
 5척의 구축함이 그 해역 일대를 철저하게 뒤지기 시작했다. 그러나 '아프레이호'의 행방은 감감했다. 그후 6척의 잠수함과 미국의 군함·헬리콥터·비행기 등의 증원을 얻어 며칠이나 수색이 거듭되었다. 그러나 결국 아무런 성과도 없었다.
 6월 4일, 구조선(救助船) '리크레임호'의 수중 카메라가 수색 해역으로부터 32킬로나 떨어진 위치에서 약 90미터의 해저에 누워 있는 잠수함 '아프레이호'를 발견했다.
 그 지점은 하아드 해협의 북단으로서 유령이 알려준 내용과 꼭 들어맞는 위치였다.

16. 목숨을 구한 예감

 이 이야기는 초심리학자 마가렛 고오든 무어가 제2차 대전 때, 종군한 연합군의 한 구축함 함장이던 젊은 해군 장교로부터 들은 체험담이다.
 우리는 소련 해역을 항해하고 있었습니다. 그날은 종일토록 독일 잠수함 U보트의 접근이 느껴져서 나는 무척 긴장했습니다. 하지만 이렇다 할 기미는 별로 나타나지 않았고 날시도 비교적 평온했습니다.
 나는 가끔 예감을 느끼는 일이 있었고, 그럴 때면 마음이 긴장되어 모든 일에 부쩍 조심이 앞서곤 했는데, 그런 것이 결코 공연한 신경과민증 탓이 아님을 그 무렵 나는 알고 있었습니다. 그래서 나는 승무원 전원에게 비상 명령을 내리고 함포에도 인원을 배치했습니다.
 한밤 중, 함교(艦橋)에서 내려올 때 나는 드디어 적의 공격이 임박했다는 느낌이 들어서, 갑판일지(甲板日誌)에 당직 장교를 위한 특별 명령을 적어 두기까지 했습니다.
 나는 그 길로 잠수함 탐지기가 있는 곳으로 가서 직접 이어폰을 끼고 앉아 있었습니다. 금새 무슨 일이 터질 것만 같은 느낌이 들어 좀처럼 잠을 이룰 수가 없었기 때문이었습니다.

이윽고 이어폰을 낀 내 귀에는 U보트의 접근을 알리는 소리가 들렸습니다. 나는 그것이 실재의 소리인지, 아니면 지나친 긴장 탓에 헛들은 것인지가 분명치 않아 내 허벅지를 꼬집어 보았습니다. 나는 가슴을 두근거리면서 부리나케 함교쪽으로 달려갔습니다.

"당직 장교! 무슨 소리 못들었오?"

"옛, 함장. 약 30초 전에 들렸습니다. 하지만 분명치 않아 확인하는 중이었습니다."

"알았오, 나도 들었으니 틀림없을 거요."

우리는 곧 경계 태세를 취했습니다. 이윽고 음흉한 그 괴물이 발견되고, 적의 무서운 공격을 앞질러 U보트를 격침시켰습니다. 나는 함장실로 돌아오자 하느님께 감사의 기도를 드렸습니다.

"내가 비상 명령을 내렸을 무렵에는 하나같이 묘한 표정을 짓던 승무원들도 그 일이 있은 후로는 내 지시라면 무조건 따르게 되었습니다. 종일 물구나무서기를 하라고 명령하더라도 그들은 기꺼이 그렇게 할 정도였습니다."

무어씨는 이 실화를 그의 저서에 발표했는데, 그 저서에는 무어 부인의 친지인 페어팍스 부인의 이상한 경험담도 다음과 같이 소개되어 있다.

그녀는 어느 지방 병원에서 환자의 간호를 하는 일에 종사하고 있었다. 그날도 종일 고된 일을 마치고 집에 돌아오자 옷을 갈아입고 난로 가의 소파에 누워서 쉬고 있었다.

한 3분 쯤 지났을 때였다. 돌연히 하녀가 달려와서 이렇게 알리는 것이었다.

"어서 병원으로 가 보셔요. 아주 급한 일이라면서 곧 오시

랍니다."
"병원에서 연락이 왔니?"
"네, 지금 막 전화를 받았어요. 몹시 바쁘다면서 바꿔 드릴 겨를도 없이 전화가 끊겼어요."
페어팍스 부인은 좀 짜증스러웠으나, 어쨌든 옷을 갈아입고 급히 병원으로 달려 갔다. 그런데 간호부장은 그녀를 보자 의아스러운 표정을 짓는 것이었다.
"왜 돌아왔어요? 무슨 일이 생겼습니까?"
"아니, 부장님이 전화하지 않았습니까?"
페어팍스 부인은 무슨 영문인지 어리둥절하기만 했다. 그녀의 설명을 들은 간호부장은 과로 탓일 것이라면서 그녀를 위로하는 것이었다.
"너무 피곤해 보이는군요. 여기까지 오셨으니 내 방에서 좀 쉬세요. 마침 부인 동네 근방에서 만날 사람이 있어 택시를 불렀어요. 한 20분 있으면 택시가 올 테니 커피라도 드세요."
이윽고 택시를 탄 두 사람은 페어팍스 부인의 집 근처에 닿자, 차창으로 내다보이는 광경에 소스라쳐 놀랐다. 그녀의 집은 보이지 않고 그 자리에는 땅속에 커다란 구멍만이 남아 있었던 것이다.
그러면 하녀가 받은 전화는 대체 무엇이었을까? 이 수수께끼는 아직도 풀 길이 없다.
예감으로 해서 죽음의 위기를 벗어났다는 이야기는 이 밖에도 많다. 대개 예감이란 특별한 영능(靈能)이 없는 보통사람들도 흔히 경험하는 현상이다.
미국의 영화 배우 엘리자베드 테일러는 남편 마이크 토드가 그 비행기를 타서는 안 된다는 예감을 느꼈었다고 했다.

그녀의 예감은 곧 현실로 나타났지만, 당시 그녀가 느낀 예감은 남편을 붙들어 세울 만큼 강한 것은 아니었다. 그러나 어떤 사람들의 경우는, 예감이 억누를 수 없을 정도로 강해서 도저히 그 예감을 무릅쓰고 행동하지 못하고 그 결과 불행을 벗어나는 예가 있는 것이다.

다음 이야기는 무어 부인과 잘 아는 여성이 나치스 공군의 런던 공습 때 경험한 실화이다.

그녀는 침실에 두고 온 귀중품이 궁금해져서 급히 계단으로 갔다. 그런데 침실이 있는 이층으로 올라가는 계단 앞에 이르자, 누군가가 그녀의 목덜미를 누르면서 이렇게 말하는 것이었다.

"꼼짝 말고 여기 있어요!"

그러나 뒤를 돌아 본 그녀의 눈에는 아무도 보이지 않았다. 깜짝 놀란 그녀는 그 자리에 주저앉은 채 몸을 움직일 기운이 없었다.

한참 그러고 있는 동안, 이윽고 그녀의 집에는 폭탄이 떨어져, 바로 그녀가 달려가려던 이층 침실이 박살나고 말았다. 그녀가 앉아 있는 아랫층은 말짱했고, 그녀도 물론 무사했던 것이다.

17. 꿈이 알려준 위험

이 이야기는 런던 히아트포트 가(街)의 메이페어에 주소를 둔 바아덴 부인이 심령연구가 프레데릭 W·H·마이어즈씨에게 밝힌 경험담이다. 나는 아기와 유모를 데리고 런던 동부의 우리치까지 다녀오기로 했습니다. 우리 집의 룸형(型) 마차로 이튿날 아침 출발해서 당일에 돌아올 예정을 세웠습니다.

그런데, 그날 밤 꿈이 이상했습니다.

나는 아기를 안고 길에 서 있었습니다. 피카데리 북쪽의 어느 네거리였습니다. 그리로 우리 마차가 오더니 웬 일인지 마부가 길바닥으로 굴러 떨어지고 마부의 모자가 엉망으로 꾸겨지고 말았습니다.

기분나쁠 정도로 생생한 꿈이었습니다. 나는 이 꿈이 마음 속에 걸려서 날이 새기가 무섭게 마부를 불렀습니다.

"어디 몸이라도 불편하지 않소? 뭣하면 기차를 타고 가겠어요.……"

마부는 우리 집에서 오래 전부터 고생해 온 아주 성실한 사나이었습니다. 마부는 마차를 준비해 두었다고 말했습니다. 그러면서도 어쩐지 출발을 망설이는 표정이었습니다. 그는 시간을 늦추어서 11시 쯤에 출발했으면 좋겠다고 했습니다.
 그날 저녁, 우리치에서 돌아오는 길에 마차가 피카데리 북쪽에 다달았을 때였습니다. 마부는 마치 야생마라도 다루듯이 조심스럽게 웅크리고 마부석에 앉아 있었는데, 그 마부의 뒷모습을 보자 내 머리에는 문득 간밤의 꿈이 떠올랐습니다.
 마차가 꿈에서 본 그 네거리에 닿았을 때, 나는 더 이상 마차에 앉아 있을 수가 없었습니다. 견디기 어려운 공포심에 나는 아기를 안고 마차에서 내렸습니다. 그리고는 나도 모르게 큰 소리로 경찰을 불렀습니다.
 급히 달려온 경찰은 다짜고짜로 마부부터 안아 내리는 것이었습니다. 마부석에 앉아 있는 마부의 몸이 옆으로 픽 쓰러지는 것이 경찰의 눈에 띄인 것이었습니다. 마부는 그날 몸이 불편한 것을 무릅썼던 것입니다.

 영국의 〈심령연구협회〉 회보에는 J·오콘너씨의 다음과 같은 이야기가 소개되어 있다.
 "나는 뉴욕으로 갈 타이타닉호의 승선권을 예약했었습니다. 배가 출항하기 10여일 전이었는데, 나는 이상한 꿈을 꾸었습니다. 타이타닉호가 바다에서 전복하여 배의 밑바닥이 드러나 있었고, 그 둘레를 수많은 승객과 선원들이 헤엄치고 있는 꿈이었습니다.
 어쩐지 불길한 생각이 들었는데, 이튿날 밤 나는 또 같은 꿈을 꾸었습니다. 그러자 때마침 전보가 와서 출발을 연기하여도 무방하게 되었으므로, 나는 얼른 승선권을 물렸습니다. 그것은 타이타닉호가 출항하기 1주일 전의 일이었습니다."
 티이다닉호가 이때의 항해 도중 대서양의 바닷속으로 침몰한 것은 이미 잘 알려진 사실이다.

오콘너 부인의 말에 의하면 그녀의 남편은 평소에 좀처럼 꿈을 꾸는 일이 없었는데, 이때에는 이틀밤이나 계속 같은 꿈을 꾸는 바람에 심상치 않게 여겼고 그 결과 목숨을 건졌다고 한다.

꿈은 그 개인의 심리 심층(深層)에 잠재하는 의식이나 억압된 욕구의 표출(表出)이라는 견해가 지배적이지만, 앞의 예와 같은 경우에는 인간의 자기 방어 본능에 의한 예감이라고 보는 것이 옳겠다. 사실 우리의 먼 조상들은 울창한 원시림 속에서 주로 이 예감에 의해 온갖 위험으로부터 자신을 지켜왔을 것으로 보인다.

오늘날도 미개한 원시 생활을 하는 부족들은 문화인에 비해 월등한 예감 능력을 지니고 있는 것으로 보아 그런 추론(推論)은 충분히 성립되는 것이다.

꿈에 의한 것은 아니나, 아주 강한 예감으로 위험을 모면한 예도 우리 주변에는 흔히 있다.

영국의 초심리학자 윌리엄 파레트경(卿)은 그의 저서에서 A·B·맥고완이라는 한 미국 육군 대위의 체험을 소개하고 있다.

"나는 휴가를 얻어 뉴욕 브르클린에 돌아와 있었습니다. 어느 날 두 자식놈과 함께 극장에 가기로 약속하고 관람권을 예약했습니다. 나는 예약하러 간 김에 우리의 좌석도 미리 봐두었습니다.

그런데 관람할 당일이 되자, 웬 일인지 내 귀에는 극장에 가면 안 된다는 소리가 들리는 느낌이 들었습니다. 아무리 귀를 후비고 머리를 흔들어 봐도 그 소리는 내 안의 어디선가에 계속 들리는 것이었습니다. 전에는 그런 경험이 전혀 없었으므로 나는 꺼림칙한 기분을 뿌리칠 수 없었습니다. 그래서 나는 점심 때 아이들에게 '오늘은 극장에 가지 말자'고 말했습니다. 아이들은 몹시 서운해 했습니다.

나도 아이들에게는 미안하다는 생각이 들었으나, '극장에 가면 안 된다'는 그 소리는 잠시도 내 머리에서 떠나지 않고 계속 들리는 것이었습니다. 나는 그날 밤 극장에서 공연이 시작되기 1시간 전에 아이들을 식당으로 데리고 가서 가까스로 그들의 기분을 달래주었습니다. 아버지로서 그런 근거 없는 기분으로 모처럼의 약속을 어기는 나 자신이 부끄럽기도 했으나 나는 도저히 그 이상한 소리를 물리칠 수가 없었던 것입니다.

그날 밤, 그 극장은 큰 화재로 몽땅 타 버리고 관객이 3백 명이나 불에 타 죽었습니다.

참으로 이상한 일이었습니다. 나는 그런 경험을 한 일이 종래에도 없었지만 그 후에도 없습니다. 아주 분명한 소리였습니다.

어쩐지 불길한 예감이 들어 가던 길을 돌아선 것이 나중에 알고 보니 참 다행이었다는 예는 얼마든지 있다. 이 예감을 우리는 '제육감(第六感)'이라고 부른다. 신경 계통의 다섯 가지 감각으로는 느낄 수 없는 것을 느껴서 깨닫는 힘을 가리키는 말이다.

뉴욕에 있는 출판업자이며 통속 작가이기도 한 보리스 드 탱코씨는 다음과 같은 경험을 자랑삼아 말하고 있다.

어느 날 저녁, 그는 리버사이드 드라이브의 자택을 나와 102번가(番街) 근방까지 걸어왔을 때, 문득 앞 길에 무슨 위험이 기다리고 있는 듯한 느낌이 들어 다른 길로 돌아서 갔다. 나중에 알고 보니, 그가 불안을 예감한 지 조금 후에 바로 그 앞 길에서 흉악한 날치기가 지나가는 여성을 습격하고 체포되었다는 것이었다.
 드 탱코씨는 자주 어떤 예감을 느끼곤 하는데 그때마다 그는 가능한 한 모든 주의를 다한다고 한다.

18. 꿈에서 시작된 사랑

　프랑스의 중부 네브르현(縣)에 샤리에테 슈르 로와르에 폴스라는 이름의 소녀가 있었다.
　그녀가 가난한 빵집 딸이기는 했으나 얌전한 태도와 아름다운 용모는 많은 사람들의 눈길을 끌었다.
　몇몇 젊은이들이 그녀를 둘러싸고 서로 사랑의 라이벌이 되고 있었는데, 폴스라의 부모는 그 중의 한 사람을 사윗감으로 점찍고 있었다.
　그 젊은이의 부모는 꽤 유복한 편이었다. 하지만 폴스라는 그가 별로 마음에 들지 않았다. 자칫하면 어른들의 주장에 굴복하게 될 듯하여 불안해진 폴스라는 교회로 가서 성모 마리아 앞에 기도했다.
　누구를 남편감으로 택했으면 좋은가를 가르쳐 달라는 기도였다.
　이튿날 밤, 폴스라는 꿈에서 낯선 젊은이를 보았다. 꿈 속의 젊은이는 여행자로서 안경을 끼고 머리에는 밀집모자를 쓴 차림이었다.
　꿈 속이었지만 그녀에게는 그 청년이 장차 남편으로 맞을 사람이라는 느낌이 들었다.
　잠에서 깨어나자 그녀는 곧 아버지와 어머니가 함께 있는 앞에서 이렇게 말했다.
 "그동안 말씀해 오신 그 사람과는 결혼하지 않겠습니다. 앞으로 제 결혼 상대는 저한테 맡겨 주십시오.······"
 그런 일이 있은 지 얼마 후에, 폴스라는 마을의 무도회에 초대된 한 사람으로부터 춤을 추자는 신청을 받았다. 그는 이 마을에 처음 온 젊은이었으나, 그녀는 전에(꿈에서) 그를 본 일이 있었으므로 낯설지가 않았다. 안경도 밀짚모자도 꿈에서 본 꼭 그대로였다.
 그는 에밀 드 리 베드리에르라는 사람으로서, 파리의 〈시매클〉 신문의 기자였다. 폴스라가 너무나도 유심히 자기를 지켜보는 바람에 그도 그녀에게 관심이 쏠리기 시작했다. 두 사람은 사랑에 빠져 이윽고 결혼했다.
 베드리에르는 자기의 아내가 된 그 소녀가 서로 만나기도 전에 이미 그녀의 선생에게 아주 자세하고도 정확하게 그의 모습을 말했었다는 사실을 나중에 알고 놀랐다.
 베드리에르는 이 사실을 사르지니아 의회 의원인 마카리오 박사에게 편지로 알렸다.
 박사는 이 사실에 대해 직접 자세히 조사한 후, 그 결과를 그의 저서인《수면·꿈·몽유병(夢遊病)》에서 보고하고 있다.

19. 고마운 유령 간호원

 호주의 뉴사우드웰즈 주(州)의 시드니. 이 도시에 있는 프린스 알프렛 병원의 간호원 사이에는 30여년 전부터 유령 간호원의 존재가 널리 알려져 오고 있다.
 이 유령 간호원은 병원에 나타나서 환자의 카르테를 읽기도 하고 수술실에서 수술을 돕는가 하면 때로는 자칫 실수하기 쉬운 일에 주의를 시키기도 한다는 것이다.
 이 사실은 〈오스트레일리언 포스트〉 신문의 테이프 번즈 기자가 시드니의 중국가(中國街)에서 우연히 이 병원의 두 간호원이 주고 받는 이야기를 엿들은 후부터 세상에 알려지게 되었다.
 번즈 기자가 사실이냐고 물었더니 그녀들은 그 유령 간호원을 직접 본 사람이 병원에는 여러 명 있다는 것이었다. 그 두 간호원은 외부에 이름이 알려지기를 꺼리는지 자기들의 이름을 샤리와 마고로만 기억해 달라고 했다.
 번즈 기자는 지금은 다른 병원에서 근무하는 재클린 브루라는 간호원을 찾아갔다. 그녀 역시 유령 간호원의 이야기는 사실이라고 했다. 그녀는 직접 여러 차례나 그 간호원을 보았으며 그때의 상황으로 보아 자기가 본 것은 틀림없는 유령이었다는 것이었다.

"유령이라고는 하지만, 무섭다든지 기분나쁘다든지 한 그런 것이 아니에요. 무척 예쁘고 친절해요. 게다가 얼마나 큰 도움이 되어주는지 모르는 걸요. 대개 모두들 손이 모자라서 허둥지둥하고 있을 때면 문득 나타나곤 한답니다. 유령이라기보다는 천사라고 부르는 편이 어울릴 거예요······."

간호원들 사이에 알려진 바에 의하면, 이 유령 간호원은 예전에 이 병원에서 일하던 간호원의 한 사람이었다고 한다. 그녀는 결핵에 감염되어 회복의 가망이 없어지자, 높은 베란다에서 떨어져 자살했다. 그런데 생전에 모범 간호원이었던 그녀는 죽은 다음에도 병원 일을 도우려고 나타나서 사방을 둘러보고 다닌다는 것이다.

"대수술이 시작될 무렵 수술실로 들어가는 일도 있었어요. 어찌나 그 모습이 분명한지 그녀에게 말을 거는 간호원도 있을 정도예요. 그녀는 자기 모습을 보임으로써 무슨 중대한 일에 주의를 환기시키는 것이지요."

이렇게 말한 마고는 이번에는 자신이 직접 유령 간호원을 만났던 때의 이야기를 했다.

"저도 그녀를 보았어요. 당직 간호원인 줄만 알고 그녀를 따라 방으로 들어갔었지요. 그랬더니 방 안에는 아무도 없었어요. 출입문은 하나뿐이었어요. 저는 너무나 어이가 없어서 아무에게도 알리지 않았는데 사흘 밤이나 계속해서 그런 일이 있었어요."

또 샤리는 이런 이야기를 했다.

"저는 간호일지를 읽고 있는 모습을 보았어요. 무심코 다가갔더니 조용히 사라지고 말았어요. 나는 아무에게도 이야기를 하지 않았어요. 그런데 얼마 후에 마고가 유령 간호원을 따라 휴게실로 들어갔다는 이야기를 듣고, 그제서야 내가 본 그 모습이 바로 그 유령 간호원이었다는 것을 알았어요.
 제가 말하는 것을 듣더니 선배 간호원이 말해 주었어요. '그렇게 무서워 할 필요는 없어요. 유령 간호원은 벌써 30년 동안이나 매일같이 나타나고 있다는 거예요.' 라고요."
 유령 간호원은 병원으로 들어오겠다고 문을 덜컹덜컹 흔드는 일도 있다고 한다.
 "일광욕실의 문은 매일 밤 잠그게 되어 있는데, 당번 간호원이 자물통을 잠그는 순간, 문이 덜컹덜컹 흔들리기 시작했다는 거예요. 마치 누군가가 안으로 들어오려고 문을 흔드는 것처럼 말입니다. 그날 밤은 바람도 없었고, 문은 꼭 닫혀 있어서 바람이 새어들 틈도 없었다고 합니다.
 어째서 그럴까 하고 당직 간호원은 여기저기를 자세히 둘러보았으나, 수상한 점은 아무 데도 없었대요. 안에서 문을 흔들어 보기도 했으나 덜컹 소리는 나지 않았답니다. 그래서 돌아서려는데 또 문이 덜컹덜컹 흔들렸답니다. 당직 간호원은 얼른 자물쇠를 열고 문을 열었습니다. 그랬더니 선배인 듯한 간호원이 쓰윽 들어섰다는 거예요.
 당직 간호원은 '미안합니다.'라고 사과하고 문을 다시 잠갔는데 안으로 돌아섰을 때 조금 전에 들어온 간호원의 모습은 보이지 않았다고 합니다."
 "그로부터 몇 분 후, 유령 간호원이 간호일지를 읽고 있는 모습을 다른 간호원이 보았던 것입니다. 하지만 두 간호원은 별로 이상하다는 느낌도 들지 않았던 터였으므로 그날 밤의 일은 훨씬 나중에야 알려지게 되었어요."
 번즈 기자는 간호원 새클린 브루를 엘리자베드 베이에 있는 그녀의 자택에서 만났는데 그녀는 신문 기자가 벌써 30여년 전부터 나타나고 있는 일을 이제서야 처음 들었다는 것이 오히려 이상하다고 했다.

이 유령은 무슨 사고가 일어날 염려가 있거나, 중대한 일이 있을 때 나타나는 경향이 있다는 점에 대해서는 어떻게 생각하느냐는 질문에 브루 간호원은 이렇게 대답했다.

"간호원 견습의 경험이 없는 사람은 잘 모르겠지만, 사실 일을 하다가 보면 아차 하는 경우가 흔히 있는 법이지요. 그럴 때면 으례히 그 유령이 나타나곤 했어요.

한빈은 환자의 용태(容態)가 급변한 것을 나에게 알려 준 일도 있었어요. 환자한테서 좀 떨어진 곳에서 일을 보다가 돌아다 보았더니, 웬 간호원이 내 환자를 들여다보고 있었어요. 나는 야근 간호원이려니 여기고 일을 마치고서 그리로 발길을 돌렸는데, 그 순간 그녀의 모습은 어디론가 사라지고 보이지 않았어요.

내가 환자를 보았더니 용태가 위독해져서 바로 의사를 불러 치료를 서둘러야 할 상태였습니다. 나는 아까 그 간호원이 의사한테 연락을 했는지 분명치가 않아서, 곧 담당 의사에게 급히 알렸습니다.

그때 야근 간호원이 들어왔어요. 그래서 의사에게 알렸느냐고 물었더니, 그 간호원은 눈이 휘둥그레지는 것이었어요. 대체 환자의 용태를 자기가 어떻게 알 수 있었겠느냐는 것이었지요. 왜 아까 환자를 들여다보고 가지 않았느냐고 했더니, 그 간호원의 말이 자기는 병실에 들어 온 일이 없었다는 것이었어요."

브루 간호원은 또 이런 이야기도 했다.

"내가 처음 그 유령을 보았을 때의 이야깁니다만, 나는 진짜 간호원인 줄로만 잘못 알고 이름을 불렀어요. 그 순간 상대는 잠간 돌아다보는 듯하더니 그냥 방으로 들어가 버렸어요. 나는 이상하다고 느끼면서 그 방으로 들어갔어요.

그런데 그 방에는 아무도 없었어요. 나는 그 사라진 간호원의 정체를 밝힐 양으로 방 안을 샅샅이 뒤져 보았어요. 하지만 출입문은 하나뿐인데, 방 안에는 사람의 그림자도 보이지 않았어요.

나는 내가 환각(幻覺)을 본 것으로 여기고, 그 일은 혼자만의 비밀로 입을 다물기로 했었지요. 그런데 다른 간호원도 나와 같은 경험을 했다는 것을 나중에야 알게 되었지요."

20. 사전에 기록된 추락사고

1961년 9월 18일 밤, DC6B기(機) 1대가 아프리카 북 로데시아의 산중에 추락했다. 이 비행기에는 콩고 독립을 에워싼 분쟁의 조정을 위해 현지로 가던 함마슐트 유엔 사무총장이 타고 있었는데, 이 추락 사고로 비행기에 탑승했던 16명은 모두 사망했다.

함마슐트 사무총장이 그 비행기의 추락으로 사망하리라는 것은 미국의 여성 예언자 진 딕슨이 예언하고 있었으며, 그녀의 예언때문에 동승(同乘)하기를 피해서 목숨을 건진 사람이 있다는 이야기는 너무도 유명하다.

이와 같은 예는 예로부터 전해지고 있는 것이 적지 않으나, 그런 사고가 미리 기록되어 있었다는 예는 결코 흔하지 않다.

이 이야기는 유명한 심령 연구가이며 파리의 형이상학연구회 회장이었던 주스탑 쥬레 박사에 관한 일화이다.

쥬레 박사의 운명에 대해서는 두 명의 투시능력자가 예언하고 있었는데, 그 한 사람은 이름이 널리 알려진 작가 파스칼 폴토니였다. 1924년 폴토니는 형이상학연구회에서 이렇게 말했다.

"나는 내 경험에 비추어 미래는 투시 능력으로 내다볼 수 있다고 확신하고 있습니다. 나는 내가 투시한 미래를 빠짐없이 날짜를 붙여서 기록하고 보관해 두고 있습니다. 이렇게 예언을 기록해 두었다가 나중에 사건이 일어났을 때 비교 대조하여 보면 투시에 의한 예언이 억측이 아니라 명백한 사실의 관찰이라는 사실이 증명될 수 있습니다. 그만큼 투시의 기록이 결국은 사실로써 실증되는 것을 나는 줄곧 경험하고 있습니다.

여기에서 내가 소개하려는 이야기는 어느 유명한 인사가 기록으로 남겨 둔 비극적 예언인데, 그 예언을 한 것이 바로 이 사람이었던 것입니다.

어느 날, 나는 교외의 조용한 집에서 혼자 창작에 몰두하고 있었습니다. 그런데 갑자기 어디선가 아주 엄숙한 목소리가 들리는 것이었습니다. 그 목소리는 이렇게 명령했습니다.

'급히 파리로 가서 형이상학 협회의 쥬레 박사에게 전하시오. 폴란드에서 한 프랑스인(人) 박사에게 죽음이 다가오고 있다. 그가 비행기 사고로 희생될 것이라는 경고를 나는 받았다.'

나는 곧 파리로 가서 쥬레 박사를 방문했습니다. 박사는 마침 가족들과 함께 저녁 식사를 끝낸 참이었습니다.

나는 평소 때와 마찬가지로 다정한 영접을 받았습니다. 나는 박사와 그 가족들이 모인 자리에서 '엄숙한 목소리'가 명령한 내용을 말했습니다. 그때 형이상학협회의 회장인 쥬레 박사는 폴란드에 갈 예정이 전혀 없었습니다.

"대체 그 박사란 누군가요?"

그는 나에게 성급히 물었습니다. 하지만 그 예언이 누구에게 관한 것인지는 나도 몰랐습니다. 그 '목소리'가 희생자의 이름은 말하지 않았기 때문입니다. 나는 내 예지(豫知) 감각을 총동원해서 찾아 본 끝에 간신히 어느 박사의 이름을 대답했습니다. 그러나 그것은 빛나간 것이었습니다. 운명의 신은 나에게 그 비밀의 전부를 알려 주기가 싫었던 모양입니다.

3개월 후, 쥬레 박사는 폴란드의 바르샤바에 가 있었습니다. 그는 비행기로 파리에 돌아가자는 친지의 말을 따랐습니다. 비행기는 출발한 지 15분 후에 추락했고, 탑승했던 두 사람은 즉사했습니다. 그런데 박사의 소지품 속에서 내가 그에게 말한 예언을 기록한 수첩이 발견되었습니다. 박사는 내 얼굴이 창백했다는 말과 함께 내게서 들은 예언을 자세히 기록해 두었던 것입니다."

추락 사고가 일어난 것은 1924년 7월 14일이었고 폴토니가 그 이상한 경고를 전한 것은 3개월 전의 일이었습니다.

그런데 박사의 수첩에 기록되어 있는 예언은 그뿐이 아니었다. 1922년 3월 18일 또다른 투시능력자가 이 비극을 예언했고, 그 후에도 몇 차례나 경고가 반복되었음이 일일이 기록에 남아 있었다.

심령 연구가 유제느 오스티 박사는 투시 감각을 지닌 베이루트 부인과 함께 매주 한 차례씩 실험을 공개하고 있었다. 오스티 박사는 실험회에서 있었던 일을 빠짐없이 기록한 후, 날짜를 붙여서 보관해 두었다. 쥬레 박사도 이 실험회에 출석하여 노트해 두고 있었다. 그런데 이 기록 속에는 쥬레 박사 자신의 운명에 관한 것도 들어 있었던 것이다. 여기서 당시 오스티 박사가 노트한 기록을 그대로 인용(引用) 소개하면 다음과 같다.

1922년 3월 18일. '……당신은 남성만이 참석하는 정례만찬회에 출석한다. 멤버의 한 사람은 여행중인데, 그는 사고를 만나 목숨을 잃을 것이다.……'(오스티 박사는 매월 13일에 정기적으로 모이는 만찬회에 늘 참석하고 있었으며, 이 만찬회에 참석하는 멤버는 모두 남성이었고, 그 15명의 멤버 중에는 쥬레 박사도 들어 있었다.)

1922년 4월 24일. '……당신의 친구 한 명이 사고로 죽는다. 그는 떨어져 죽을 것이다. 그는 과학 부문의 학자다.……'

1922년 5월 23일. '……당신은 친구의 한 사람이 큰 사고로 죽었음을 알게 될 것이다. 희생자는 2명일 것이다.'(폴란드에서 추락한 비행기에는 쥬레 박사와 그의 친구인 조종사만이 타고 있었다.)

1922년 7월 15일. '……당신에게는 항상 친구인 과학자의 죽음이 감돌고 있다. 그런데 무슨 재난 때문인지, 당신의 친구는 다른 사람과 둘이 함께 죽을 것이다.'

1922년 9월 23일. '……오, 박사! 당신 곁에는 사고로 인한 죽음이 보여요. 그 죽음은 당신의 경력을 더하는 계기가 될 것이오.'(사실, 쥬레 박사의 죽음으로 오스티 박사는 형이상학협회의 회장으로 추대되었다.)

1923년 1월 20일. '……당신은 사고에 의한 과학자의 죽음을 알게 될 것이다.……그것은 즉사다. 먼 곳에 여행중에 사고를 만난다. 희생자는 2명.'

1923년 2월 17일. '……오! 당신은 사고 소식을 듣게 될 것이다──두개(頭蓋) 분쇄에 의한 죽음……. 어떤 죽음이 당신에게 새로운 계기를, 새 일거리를 가져다 줄 것이다.……'

1923년 4월 21일. '……오! 그런 참혹한 죽음의 소식이 당신을 기다리고 있다니! 추락에 의한 불의의 사고, 희생자는 2명. 그 소식을 들을 날이 다가오고 있다. 당신은 그 인물의

친구다.……'
 1924년 3월 22일. '머지 않아 당신이 잘 아는 과학자의 죽음을 알게 될 것이다. 그 과학자는 떨어질 것이다. 자동차 사고, 또는 다른 어떤 사고로 멀리 여행 중에……'
 1924년 4월 4일. '당신 가까이에 죽음이 보인다. 계속 보인다. 불의의 죽음. 무엇인가 들어앉아 있다. 작은 배 같은 것이 가라앉는다.……'
 1924년 5월 31일. '……당신이 잘 아는 인물의 급사. 외국에서 어딘가를 출발한 직후의 죽음.……'
 1924년 7월 9일. '……당신을 몹시 놀라게 할 죽음이 있을 것이다. 불의의 죽음. 여행중의 출발. 어느 과학자의 죽음. 그 죽음은 당신의 생활에 대전기(大轉機)가 될 것이다.……'
 이 마지막 실험이 있은 지 5일 후에 쥬레 박사는 비행기로 바르샤바를 출발 15분간의 비행을 한 다음 비행기는 추락하고 박사와 조종사는 다 같이 즉사했던 것이다.
 바르샤바에 체재하는 동안 쥬레 박사는 비행기로 폴란드를 출발하려는 예정은 전혀 없었다. 다만 되도록 빨리 귀국하고 싶다는 말을 했다가, 그러면 비행기로 함께 떠나자는 권유를 받게 되었던 것이라고 한다.
 쥬레 박사의 죽음을 지적한 베이루트 부인의 예언에 대하여 오스티 박사는 '그녀는 이미 일어난 사건으로서 그의 죽음을 말하고 있었다'고 증언했으며, 에르네스트 카치노는 또 이렇게 설명하고 있다.
 "이 예언은 분명히 모든 과학적 실증과 부합한다. 공개 실험회에서 기록된 오스티 박사의 14회에 걸친 보고가 있고, 또 한편으로는 파스칼 폴토니에 의한 경고도 있었다. 이 경고는 쥬레 박사의 가족들이 증언하고 있다. 이 경고는 희생자 자신의 손으로 기록되어 있기도 하다."
　여기서 이 사건의 여러 가지 상황이 사전에 미리 기록되어 있었다는 점을 생각할 때, 이 예언은 극히 세부에 이르기까지 모두 사실이었다고 결론지울 수 밖에 없다.

21. 사자(死者)는 약속을 이행했다

 이 이야기는 심령 연구가 에르네스트 카차노 박사가 친구인 빈첸쵸 칼타지르너 박사로부터 들은 실화다.
 나는 벤자미노 실키아씨의 친구이자 그의 의학상 연구의 상담 상대이기도 했다. 실키아씨는 팔레르모(시칠리아 섬의 항구 도시)에서는 손꼽히는 명사였다. 그는 신의(信義)가 두터운 훌륭한 인격자이며, 오랜 애국자로서도 존경을 받고 있었는데 또한 철저한 회의주의자(懷疑主義者)의 한 사람이기도 했다.
 그는 자주 나를 집으로 찾아오곤 했다. 지난 해 5월의 일이었는데, 어떤 계기에서였는지는 분명하지 않으나 우리는 심령 현상이라는 것을 화제로 삼고 있었다. 나는 어떤 종류의 현상에 대해서는 경험으로 그 진실성을 믿고 있다는 점을 밝히고, 심령학적인 가설(假說)을 증명 또는 부정하는 갖가지 해석을 이야기했다. 그랬더니 그는 농담삼아 이런 말을 했다.
 "좋아, 그렇다면 박사, 이렇게 하세. 만일 내가 박사보다 먼저 죽는다면——나는 자네보다 나이가 많으니까 아마도 그렇게 될 테지만——그리고 내가 사후에도 살아 있다면, 내가 자네를 찾아와서 그것이 사실이라는 것을 자네에게 보여

주겠네."
 나는 웃었다.
 "그럼 그때에 이 방(우리는 식당에 있었다)으로 와서 여기 있는 무엇인가를 깨뜨려 주시오. 그렇지, 이 테이블 위에 매달아 놓은 램프가 어떻습니까?"
 그리고 나는 인사 말로 이렇게 덧붙였다.
 "나도 약속하겠습니다. 만일 내가 먼저 죽는다면 나도 당신한테 찾아가서 같은 식으로 증거를 보여드리겠습니다."
 하지만 이것은 어디까지나 농담이었고 그다지 심각한 약속은 아니었었다.
 실키아씨는 며칠 후 질젠치 지방의 리카타로 가서 한동안 그곳에서 묵을 예정이라고 했다. 나는 그가 떠날때 정거장까지 전송하겠다는 말을 하고 우리는 헤어졌다. 그리고는 반년이 넘도록 실키아씨의 소식은 듣지 못했다.
 12월의 1일이었는지 아니면 2일이었는지는 분명치 않으나, 오후 6시 경의 일이었다. 나는 유일한 식구인 누님과 함께 식당 테이블을 사이에 두고 마주 앉아 있었다.
 그때, 문득 천정에서 테이블 위로 늘어뜨린 램프의 갓이 딱딱 하고 울렸다. 우리는 눈이 휘둥그레져서 마주 보았다. 그러자 이번에는 램프의 호야에서도 딱딱 소리가 났다. 나는 램프가 과열된 탓이려니 여기고 등불을 줄였다. 그러나 무엇으로 두들기는 듯한 소리는 점점 커지면서 일종의 리듬을 취해서 울리는 것이었다.
 나는 의자에 올라서서 램프를 자세히 조사해 보았으나 원인은 알 길이 없었다. 그것은 결코 과열때문만은 아니었다. 램프의 불꽃은 평소와 다름이 없었다. 게다가 과열로 갈라지는 소리와는 사뭇 달랐다.

주먹 등으로 가볍게 두들기는 그런 소리였다. 사방을 둘러 보았으나 딱딱 하는 소리가 날 만한 물건은 전혀 없었다. 우리는 더 알아보기를 단념하고 저녁 식사를 했다. 그러자 그 소리는 그쳤다.

그런데 다음날 저녁에도 같은 소리가 들렸다. 그 소리에 매일같이 계속해서 저녁 때마다 들렸다. 누님과 나는 여러 가지로 까닭을 생각해 보았으나 도무지 알 수가 없었다.

5일째 되는 날 저녁이었다. 이번에는 요란한 소리와 함께 램프의 사기 뚜껑이 둘로 갈라진 채 간신히 올림쇠에 붙어 있었다.

나는 의자에 올라서서 램프를 자세히 살펴보았다. 그러나 무엇때문에 램프 뚜껑이 깨졌는지는 알 수 없었다. 우리는 램프의 불을 끄고 가스 버너에 불을 켰다. 그런데도 딱딱 소리는 여전히 램프에서 나는 것이었다.

나는 이 이상한 현상을 여러 날 계속해서 보면서도, 친구인 벤자미노 실키아씨의 일은 전혀 생각해 보지 못했고, 더구나 나는 지난 5월에 한 농담은 까맣게 잊고 있었다.

램프 갓이 깨진 다음날 아침 8시 경이었다. 나는 서재에 있었고 누님은 발코니에서 바깥을 내다보고 있었다. 하인들은 외출했고 집에는 누님과 나 둘뿐이었다.

그런데 아무도 없는 식당에서 커다란 소리가 나는 것이었다. 마치 막대기로 세차게 테이블을 후려치는 듯한 소리였다.

발코니에 있던 누님도 그 소리를 듣고 나에게로 왔다. 우리는 곧 식당으로 달려 갔다.

식당에서 우리는 또 한번 이상한 사실을 목격했다. 어제 저녁에 깨진 램프 뚜껑의 반 쪼각이 마치 사람의 손으로 내려 놓은 듯이 바로 밑의 테이블에 놓여 있는 것이었다.
　우리는 식당 내부를 사방 둘러 보았다. 하지만 우리가 들은 그 후려치는 소리가 어디서 났었는지는 끝내 알 길이 없었다. 그것은 아마도 여러 날 저녁 계속적으로 일어난 그 기이한 현상의 마지막 마무리였던 것으로 보였다. 그리고 그것은 열의 작용이 전혀 없는 조건에서 일어났던 것이다.
　그리고 램프의 사기 뚜껑의 반 쪼각이 테이블에 떨어져 있는 것도 이해할 수 없는 일이었다. 그것이 떨어지려면 갓의 중간을 뚫어야만 하고, 또 그런 경우 호야가 무사할 리가 없는 것이다. 호야가 깨지지 않고는 뚜껑의 반 쪼각은 도저히 밑으로 내려오지 못한다.
　그런데 호야는 말짱했고 거기에는 뚜껑이 빠질 틈새도 없었다. 그리고 만일 갓의 경사면에 뚜껑이 떨어졌다면 뚜껑 또는 갓도 깨지고 말았을 것이 아닌가.
　기적적으로 깨지지 않았다고 가정하더라도 뚜껑은 램프 바로 밑에서 꽤 떨어진 위치에 떨어졌을 것이다. 어쨌든 램프의 수직선상에 떨어져 있을 수는 도저히 없는 일이었다.
　결국 그 테이블을 세차게 후려친 소리는 아마도 무엇인가를 알리는 신호였던 것으로 보인다. 테이블 위에 놓인 사기 뚜껑, 그것이 결코 우연한 일이 아님을 알리는 증명이었을 것이다.
　그것은 물체의 낙하와 탄도곡선(彈道曲線)이라는 물리적 법칙에 어긋나는 현상이었던 것이다.
　그런데도 나는 그때까지 친구 실키아씨의 일을, 그와 나눈 약속을 잊어버리고 있었다.
　이틀 후, 나는 같은 거리에 사는 아는 교수를 만났다. 교수는 말했다.

"벤자미노 실키아씨가 돌아가신 소식을 들었습니까?"
"언제요?"
나는 깜짝 놀라서 물었다.
"11월 말이었어요. 27일인가 28일에요."
11월 말? 그러고 보면 정말 기이하다.
나는 그제서야 마음 짚히는 것이 있었다.
'그 이상한 현상은 그의 죽음과 관련된 것이었단 말인가?'
우리 집 식당의 중앙에 매달린 램프의 어딘가를 깨려는 노력은 12월 1일인가 2일부터 시작해서 6일 동안 계속되었다. 그것은 지난 5월 내가 실키아씨에게 제안한 것과 꼭같은 현상이었지 않은가! 그리고 그것은 목적이 달성될 때까지 계속되었던 것이다.
게다가 목적이 달성되자, 마치 다짐이라도 하듯이 그 테이블을 치는 요란한 소리로 알려 주지 않았는가! 우연으로는 절대로 있을 수 없는 일이었다.

22. 소녀의 목숨을 구한 목소리

 스코틀랜드의 수도 에딘버러의 성직자 웹스터 박사의 부인은 그해 여름 7월에 열 살 짜리 딸 안나와 하녀를 데리고 며칠 동안 트리니치에서 지냈다. 이 부인이 딸에 관한 일로 아주 특이한 감각을 경험한 것은 그곳에서였다.
 〈미국 심령연구협회〉의 기관지에 발표된 기사에서 웹스터 부인은 다음과 같이 말하고 있다.

 7월 15일(일요일), 3시에서 4시 사이의 일이었습니다. 나는 안나에게 바깥에 나가 놀다가 오라고 말했습니다. 안나는 혼자였으므로 안전한 선로공원(線路公園)에서 놀다가 오면 좋겠다고 일러주었습니다. '선로공원'이란 안나가 붙인 이름으로서, 바닷가의 암벽과 철로길 사이에 있는 길다란 장소였습니다.
 안나가 나간 지 몇 분이나 지났을까 했을 때, 나는 무슨 소리가 들리는 것만 같았습니다. 내 마음 어디선가 들리는 그 목소리를 '딸을 데려오라, 그냥 두면 무서운 일을 당한다'고 일러 주는 것이었습니다. 하지만 나는 공연한 불안감 때문이려니 하고 하던 일을 계속하고 있었습니다. 이런 평온한 일요일에 무슨 일이 있으랴 싶었습니다. 바다 소리도 잠잠했고 다들 교회에 갔을 시간이므로 어린이들 밖에는 바깥에 나다니는 사람이 있을 리도 없었습니다.
 그런데 조금 있자니까 또 그 목소리가 들리는 것이었습니다. 이번에는 더 또렷하게 들렸습니다. 그래도 나로서는 안나에게 미칠 위험이라고는 좀처럼 짐작되는 것이 없었습니다. 한 가지 생각할 수 있는 위험은 미친개를 만나는 일인데, 그런 일은 있을 턱이 없으므로, 나는 어떤 압박감을 느끼면서도 안나를 데리러 나설 생각은 없었습니다. 한 동안은 그대로 지났습니다. 하지만 곧 다시 '딸을 데려 오라, 그냥 두면 큰일 당한다'는 소리가 들렸습니다. 그 순간 나는 갑자기 몸서리가 쳐지며 온몸이 얼어 붙는 듯한 공포에 사로잡혔습니다.
 나는 얼른 하녀를 불러 안나를 데려오라고 일렀습니다. 나는 그 '목소리'의 경고를 따라 '그냥 두면 큰일 당한다'는 말을 되풀이 했습니다. 하녀는 이상하다는 표정으로 말했습니다.
 "염려 없어요, 마님. 날씨도 좋고 다들 교회에 갔을 시간이 아닙니까? 따님께서 늘 다녀오는 곳인데, 오늘따라 마님은 왜 그렇게 불안해 하시는지 모르겠습니다."
 "하지만 빨리 데려 와요. 어서!"
 하녀는 방을 나갔습니다. 그녀는 집주인 오리판트 여사에게 정말 공연한 일로 잠간 다녀와야겠다고 말했다는 것이었습니다. 하녀가 나간 뒤 나는 까닭모를 공포감이 점점 더해져서, 다시는 내 딸을 못 만날 것 같은 느낌까지 들었습니다. 15분 쯤 지나자 하녀는 기운이 팔팔한 안나를 데리고 왔습니다. 산보 도중에 갑자기 끌려 온 안나는 불만스러운지 이젠 나가 놀면 안 되느냐고 묻는 것이었습니다. 나는 안나에게 말했습니다.

"그런 건 아니지만 한 가지만 약속해 주겠니? 선로 공원에는 가지 않겠다고 말야. 손더스 아저씨네는 어떨까? 그 집 마당에서 노는건 괜찮지.······"

안나가 다시 바깥으로 나가자 내 불안감은 완전히 없어졌습니다. 공연한 일로 겁을 먹었었다는 생각조차 없었습니다.

그날 오후 늦게 트리니치로 찾아온 웹스터 박사는 아내의 얼굴을 보기가 바쁘게 도중에서 들은 참혹한 사고를 말했다.

그 무서운 철도 사고는 에딘버러와 그랜턴 중간의 트리니치 부근 선로에서 일어났다. 다섯명이 탄 기관차가 탈선하여, 차체는 둑에서 떨어져 그 아래 바위에 충돌한 끝에 3명이 죽었다. 이 바위는 바로 소녀 안나가 늘 앉아 노는 장소였던 것이다. 이윽고 안나가 돌아왔다. 웹스터 박사는 딸에게 물었다. 하녀가 데리러 갔을 때 어디로 가는 중이었냐는 것이었다.

"나, 선로공원을 걷고 있었어요. 바닷가의 그 큰 바위에 앉아서 기차가 지나가는 소리를 들으려고요. 나 전번 일요일에도 오빠와 함께 그 바위 위에서 두 시간이나 놀았는 걸요. 기차가 지나갈 때면 요란한 소리가 나는 게 얼마나 멋진지 몰라요."

조금 후에 안나는 13세 되는 오빠와 함께 사고 현장으로 가 보았다. 둘러선 사람들의 틈을 비집고 그 속으로 들어가 보니 무참하게 부서진 기관차가 바로 안나가 앉아 놀려던 바위를 차지하고 있었다.

23. 사건 전에 알린 뉴스

사건이 일어나기 전에 어떤 징조를 보았다는 이야기는 우리에게 별로 신기한 것일 수 없다. 하지만 사건이 일어나기 전에 신문이나 방송으로 그 뉴스를 들었다는 실례 앞에는 인간의 예지 능력의 무궁함에 새삼 놀라지 않을 수 없다.

영국의 리스 윌리엄즈 부인은 1964년 3월 세상을 떠나기에 앞서 자주 그런 초능력을 보였고, 영국 심령연구협회에 보고한 것만도 5건이 기록에 남아 있는데, 그녀는 결코 직업적인 투시가(透視家)는 아니었다.

그녀의 전문 분야는 경제학이었다. 그녀가 예지(豫知)한 것이 사실로 입증된 첫번째 예는 미국 조오지아주(州)의 애틀란타에서 일어난 인종차별 소동에 관한 것인데, 그녀는 소동이 일어나기 48시간 전에 VOA(미국 정부의 대외방송) 방송에서 그 뉴스를 들었다고 한다.

웰즈에서 사는 그녀는 잠이 오지 않아 새벽 4시에 라디오의 스위치를 넣었더니 VOA에서 인종차별 소동이 일어났다는 뉴스를 자세히 보도하고 있었다. 하지만 그 소동이 실제로 일어난 것은 이틀 후의 일이었고, 그 전에는 이런 소동에 관한 보도는 전혀 없었던 것이다.

윌리엄즈 부인이 크무린 뉴우타운 심의회의 회장으로 있

던 1958년에도 같은 경험을 했었다.

어느 날 아침 그녀는 신문에서 '침실 3개가 있는 주택을 1천 달러로 지을 수 있다'는 기사를 보았고, 실물 주택의 사진도 보았다.

부인은 이 기사를 주임 건축사에게 보이고 싶어서 비서에게 그 기사와 사진을 오려 두도록 부탁했다. 하지만 비서는 그 신문에서 그런 기사를 발견할 수 없었다. 비서가 찾아 내지 못하는 것을 보고 이번에는 윌리엄즈 부인이 직접 찾아보았다. 그러나 그 신문에 그런 기사는 없었다.

그런데 그 다음날 〈런던 타임즈〉와 〈데일리 텔레그라프〉 두 신문에는 바로 그 기사가 사진과 함께 보도되고 있었다.

또, 어느 날 윌리엄즈 부인은 〈런던 타임즈〉의 보도에서, '소규모 농가의 수익이 몹시 줄어들기 시작했다'는 기사를 읽었다. 그녀는 곧 이 불행한 실정에 관한 의견을 편지로 써서 수상 앞으로 보내기로 했다. 그런데 편지에 동봉(同封)하려고 신문 기사를 찾았을 때는 어디에도 그런 기사는 보이지 않았다.

그날의 신문에는 그 기사가 실려 있지 않았던 것이다. 하지만 다음날 〈런던 타임즈〉에는 그녀가 보았다던 바로 그 위치에 같은 내용의 기사가 보도되어 있었다.

24. 꿈에서 본 미래

 프랑스의 전문학지 카미 프라마리옹은 일찍이 심령 현상에 눈을 돌린 과학자의 한 사람으로서 유명하다. 그는 1889년에 《랑코뉴(未知의 힘)》라는 저서를 출판했는데, 이 책에는 꿈에서 미래를 보았다는 사람들의 체험담이 1200가지나 수록되어 있다. 여기 그 몇 가지를 소개하기로 한다.

〈예:1〉
 나의 이름은 피에르 줄 발테레. 1825년 10월 26일 퓌 드 도움의 이소아르에서 출생했다. 21세 때 수도원에서 수업한 다음 1850년 사제(司祭)가 되고, 그후 상 유트로프에서 8년간 주교 대리로 근무했다. 종군 신부로서 전선에 나간 것도 세 번이나 된다.
 상 유트로프에서는 4년간 교회 건축을 감독한 일이 있다. 기초 공사에서부터 지붕에 스레이트를 덮기까지 온갖 일을 살피다 보니 준공했을 때는 완전히 지쳐 버렸다. 방상씨는 나의 노고를 위로할 양으로 나를 리용에 있는 별장에 초대했다. 리용은 나로서는 처음이었다.
 어느 날 아침, 방상씨가 상 쥬 드아주의 숲을 순찰하러 간다면서 동행하지 않겠느냐고 나에게 물었다. 나는 동행하기로 했다.

마차가 상 포랑 자례를 통과했을 때, 나는 놀라운 사실을 발견했다.

"아니, 이곳은 낯이 익습니다. 여기서부터는 내가 안내할까요?"

약 1년 전 나는 꿈에서 바로 이곳을 방문한 일이 있었던 것이다. 노란 돌로 쌓은 테라스, 그 테라스는 너무나 기억에 생생했다.

상 유트로프로 돌아온 나는 곧 서부 산간(山間) 지방으로 전도하러 떠나야만 했다. 그것은 고된 일이었다. 나는 도중에서 쓰러졌는데, 상 안베르 병원으로 가던 중, 마차가 피존을 지날 무렵 오른쪽 풍경을 본 나는 깜짝 놀랐다. 버드나무에 에워싸인 작은 성이 보였는데, 그것은 1년 반 전에 꿈에서 내가 본 그 성이 분명했기 때문이었다. 주위의 풍경도 모두 내게는 낯이 익은 것이었다.

이소아르 지방의 작은 교구(敎區)에서 신도를 문병한 일이 있는데, 내가 찾아가는 집은 높은 담 사이의 어둔 골목 안에 있었다. 골목길은 여러 갈래로 갈라져 있어서 안내 없이는 제대로 찾아가기 어려웠다. 하지만 나는 곧바로 신도의 집으로 찾아갈 수 있었다. 몇달 전, 꿈에서 그 골목길을 걸어다녀 구석구석까지 알고 있었기 때문이었다.

〈예:2〉

1860년 11월 25일, 나는 몇몇 동료들과 함께 어선을 타고 바다로 나갔다. 오후 4시 경, 우리는 육지로 돌아오고 있었다. 해변까지는 20미터 쯤 남아 있었다. 그런데 거기서 한 동료가 문득 간밤의 꿈 이야기를 하는 것이었다. 꿈에서 그는 '

내일 너는 죽는다'는 예고를 받았노라고 했다.
 하지만 우리에게는 그의 꿈 이야기가 아무런 관심거리도 되지 못했다. 해변까지는 10분도 안 걸리는 안전 구역에 들어와 있었기 때문이었다.
 그런데 3분 쯤 지났을 때, 느닷없이 후려치는 파도에 배가 전복됐다. 우리는 전력을 다했으나 결국 동료 두 명은 끝내 익사하고 말았다. 그 중의 한 사람이 바로 조금전에 꿈 이야기를 한 사나이였다.
 이 익사 사고는 1860년 11월 26일자 〈아브르 신문〉에 보도된 바도 있다.

〈예:3〉
 1893년 나의 딸은 파리의 치과대학에 재학하고 있었습니다. 나이는 20세였는데, 아직 한 번도 결혼 문제를 이야기한 일이 없었습니다.
 그런데, 1월2일 나는 이상한 꿈을 꾸었습니다. 학교가 방학이라면서 새벽 5시에 딸이 돌아왔습니다. 여태까지 이렇게 새벽에 온 일이 없었으므로 꿈에서도 이상하게 생각했었습니다.
 딸은 내 방으로 들어왔습니다. 그런데 보지 못하던 큰 체크 무늬의 외투를 입고 있었습니다. 딸은 나에게로 오더니 다짜고짜 이렇게 말하는 것이었습니다.
 "엄마, 나 결혼하겠어요. 나 그이를 사랑해요. 그이도요. 그이와 결혼하지 못한다면 죽어 버리겠어요."
 나는 딸에게 학교를 졸업할 때까지 기다리라고 말렸으나, 딸은 막무가내였습니다. 나는 결국 딸의 의사를 따를 수밖에 없었습니다.

이튿날 아침, 잠이 깨자 나는 꿈에서 이야기한 딸의 결혼 문제가 생각났습니다. 그러나 딸에게 편지를 쓰지는 않았습니다. 공부에 열중하고 있는 딸에게 서뿔리 결혼 이야기를 꺼낸다는 것이 공연스럽게 생각되었기 때문입니다.

그 해 7월 말, 딸에게서 편지가 왔습니다. 2학년 시험이 끝났으니 그날 밤차로 돌아오겠다는 것이었습니다. 그 기차는 밤 0시 45분에 도착할 예정이었습니다. 우리는 밤 늦도록 기다렸으나 딸은 돌아오지 않았습니다.

이튿날 새벽 5시, 깊은 잠이 들었는데 현관의 벨이 울렸습니다. 하녀가 나가보니 딸이 와 있었습니다. 딸은 며칠 전에 샀다는 큰 체크 무늬의 외투를 입고 있었습니다.

딸은 나에게 인사하기가 바쁘게 결혼 이야기를 꺼냈습니다. 그것은 내가 1월 2일 꿈에서 본 장면과 꼭 같았습니다.

"왜 일찍 알려 주지 않았니?"

"하지만 결혼을 결심한 것은 1주일 전의 일인걸요."

그래서 나는 딸에게 내가 꾼 꿈의 이야기를 들려주었습니다.

〈예:4〉

1867년 나는 보르도에서 약방을 경영하고 있었습니다. 어느 날 밤, 나는 꿈에서 매상 장부(賣上帳簿)에 76프랑 30상팀이라는 숫자가 적혀 있는 것을 보았다.

이튿날 아침, 약방으로 나오자 나는 꿈에서의 일이 생각나서 장부를 뒤져 보았다. 하지만 그런 숫자는 어디에도 없었다. 그러는 동안에 점원이 왔으므로 나는 꿈 이야기를 했다. 그것은 이틀치의 매상액이 아니냐고 점원은 말했다. 개점한 지 얼마 안 되는 탓인지 하루의 매상은 평균 45프랑이었으니 점원의 말도 무리는 아니었다.
 그날도 손님의 출입은 평소와 다름 없었다. 밤 10시 반에 점원이 돌아간 다음 나는 현금통을 열어 보았다. 그런데 현금을 세어 본 나는 그만 소름이 끼칠 정도로 깜짝 놀랐다. 현금은 틀림없이 76프랑 30상팀이 아닌가! 간밤의 꿈 바로 그대로였다.
 손님은 보통인데 현금이 갑절이 되다니 어찌된 일인가. 나는 여러 가지로 생각해 보았다. 그러다가 문득 나는 그날 다녀간 외상 손님의 얼굴이 생각났다. 그 여성 고객이 그 동안 남은 외상값을 치르고 간 모양이었다.

〈예:5〉
 1889년 4월의 어느 날, 우리 집의 하녀 잔느 뒤보가 복도에서 푹 쓰러지더니 이내 숨을 거두고 말았다. 눈깜짝할 사이의 일이었으므로 나로서는 어쩌는 수도 없었다.
 뒤늦게 달려 온 의사의 진단에 의하면 동맥류(動脈瘤)의 파열로 죽었다는 것이었다.
 가까운 시골에서 농사를 짓는 부부가 딸이 죽었다는 연락을 받고 이튿날 아침에 부리나케 달려왔다. 두 사람 모두 딸의 시체 옆에 붙어 앉아서 눈물에 젖어 있었다.
 그날 밤 우리는 함께 밤을 새웠다. 그 자리에서 나는 무심코 하녀의 아버지에게 물었다.
 "무슨 예감이라도 없었는지요?"
 "글쎄올시다. 예감이랄지 그런 것 저는 없었지만, 저 사람이······."
 "부인께서요?"
 "예, 저 사람은 꿈에서 딸이 죽은 것을 보았다고 합니다.

훨씬 전의 일이지요."
 열흘 전의 일이었다고 했다. 한밤 중에 잠자리에서 일어난 뒤보 부인은 엉엉 소리내어 울부짖는 것이었다. 달래고 타이르고 해도 그저 딸이 죽은 것을 보았노라고 마냥 울어대기만 했다.
 그로부터 1주일 동안 뒤보 부인은 매일같이 머리가 빠개지는 듯이 아프다면서 자리에서 꼼짝도 못했다. 그리고 꿈을 꾼지 열흘만에 잔느가 죽었다는 소식을 받았던 것이다.

25. 마법(魔法)의 버섯

뉴욕의 은행가이며 탐험가이기도 한 고오든 왓슨씨는 1953년 여름, 남부 멕시코의 밀림 지대에 들어가기로 결심했다. '마법의 버섯'을 찾기 위해서였다.

왓슨이 이 버섯에 관심이 끌리게 된 것은, 그가 뉴욕 도서관의 진서실(珍書室)에 보존되어 있는 14세기 전반의 고서(古書) 두권을 읽었을때 부터였다. 스페인 정복자들의 손으로 쓰여진 이 두권은 디에고 두란이라는 인물과 안드레스 드 오르모스라는 수도승(修道僧)이 각각 쓴 것이었다.

이 버섯은 일종의 흥분제 작용을 지니고 있어 몽테즈마 2세의 대관식 때는 관리들의 피로 회복에 이용되기도 했는데, 너무 많이 먹으면 황홀한 기분을 넘어서 극도의 이취(泥醉)에 빠진 나머지 갖가지 환영(幻影)을 보게 된다고 했다.

또 오르모스의 책에서 이 버섯을 먹은 인디언은 갑자기 웃으며 떠드는가 하면 또는 훌쩍훌쩍 울기도 하고, 끝없이 섹스를 탐하게 되는가 하면, 미래를 예견(豫見)하는 힘을 얻기도 한다고 기록되어 있었다.

왓슨은 그 밖에도 많은 문헌과 자료를 연구한 결과, 예로부터의 전통을 지켜 오늘날까지도 의식 때마다 마법의 버섯을 먹고 있는 부족은 와하카에 있는 마사틱 인디언이라는 결론을 얻었던 것이다.
 왓슨은 의사인 발렌티나 부인과 함께 멕시코 시티로 출발했다. 그리고 거기서 비행기·기차·자동차 등을 이용해서 인디언들의 장터인 테어티트란 델 카미노에 도착했다.
 거기서부터는 정글지대였다. 왓슨 부인은 당나귀와 안내인의 도움을 받으며 정글을 뚫고 전진했다.
 빅토르 에르난데스라는 안내인은 스페인어와 마사틱어(語)를 할 줄 알았다.
 11시간 쯤 전진을 계속했을 때, 당나귀를 앞세운 인디언의 일행과 만났다. 그들은 커피 열매를 팔려고 장터로 가는 길인 모양이었다. 그들은 몹시 배타적이고 흉폭한 인디언이라는 것을 아는 터라, 비좁은 길에서 그들과 마주친 왓슨 부부는 불안했다.
 하지만 에르난데스라가 묘한 휘파람을 불자 인디언들은 이내 길을 비켜서는 것이었다. 왓슨 부부는 신기하기만 했다.
 "훌륭한 백인 의사가 부락의 병자를 찾아가는 길이라고 했죠."
 안내인 에르난데스의 설명이었다. 인디언은 휘파람으로도 간단한 대화가 통했던 것이다. 해질 무렵에 그들은 와우트라 데 히미네스 부락에 도착했다.
 부락은 해발 1천 미터나 되는 고원(高原)에 있었다. 왓슨 부부는 버섯을 찾아 나섰다. 갖가지 꽃이 피어 있는 계곡을 샅샅이 뒤졌다. 하지만 1주일이 지나도록 그 버섯은 눈에 띄지 않았다.
 8일째 되는 날이었다. 왓슨이 숙소로 빌린 집의 친척이라는 인디언 노인을 만났다. 애꾸눈에 인상이 고약한 이 노인은 발렌티나 부인이 선사한 위스키를 조금 맛보더니 병째로 들이켰다. 이윽고 그는 이렇게 중얼거리는 것이었다.
 "요, 이거 기분이 좋다! 마법의 버섯을 먹은 것 같다!"
 "마법의 버섯이라니 그게 무엇인가? 가르쳐 주게, 이 위스키를 몽땅 줄 테니."
 인디언 노인은 한참 동안이나 망설이고 있었다. 하지만 위스키의 맛을 잊을 수 없는 모양이었다.
 "그 버섯을 먹고 기도하면 미래의 일이 내다보인다."
 "정말인가? 그렇다면 내 고향 소식을 알아봐 주게."
 "문제 없다. 오늘 밤 우리 집으로 오라."
 그날 밤 왓슨 부부는 맥주를 선물로 들고 노인의 오두막으로 갔다.
 풀잎으로 벽을 두른 오두막 속에는 제단이 있었고, 그 위에는 계란·고기·담배잎·옥수수 따위가 놓여 있었다. 노인은 제단 앞에 무릎을 꿇고 주문을 암송하면서 제물의 위치를 이리저리 옮겨 놓는 것이었다. 그리고 그때마다 한 손으로는 무릎 밑의 단지에서 버섯을 연신 집어먹고 있었다.
 버섯을 20개 쯤 먹은 노인은 술에 취한 듯 고개를 숙이고 늘어지는 것이었다. 주문도 그쳤다. 주문이 끝나면 원하는 질문을 하라던 노인의 말이 생각나서 왓슨은 물었다.
 "내 아들 피터는 지금 어디 있는가?"
 "뉴욕에 있다."
 "뉴욕? 그럴 리가 없다. 보스턴에 있을 것이다."
 "뉴욕에 있다. 당신 아들은 전쟁에 나가려 하고 있다. 그리고 머지 않아 당신의 친척 중 한 명이 죽는다……"
 이윽고 노인은 황홀경에서 깨어났다.
 "이 일은 절대 비밀로 하라. 부락 사람들이 알면 당신들은 살아 남지 못하니까."
 노인은 몇 번이나 이 말을 되풀이 해서 주의시키는 것이었다.
 왓슨은 이듬 해 다시 와우트라를 방문하기로 하고 뉴욕으로 돌아왔다.
 그런데 집에 도착해 보니, 보스턴에서 피터가 다녀간 다음이었다. 그리고 이튿날 피터로부터 다음과 같은 전보가 왔다.
 "친구들과 함께 육군에 지원했음."
 한편, 그해 가을에 왓슨의 조카뻘 되는 중학생이 심장 발작을 일으켜 급사했다. 모든 것이 인디언 노인의 예언 그대로였다.
 마법의 버섯에 대한 왓슨의 열의는 절정에 이르렀다. 그는 1954년 여름 휴가를 얻기가 바쁘게 와우트라 데 히미네스 부락으로 다시 찾아갔다. 하지만 애꾸눈의 인디언 노인은 지난 겨울 병으로 죽고 없었다.
 다른 인디언들은 버섯 이야기를 물으면 눈을 부라리며 대들었다. 왓슨은 단념하고 미국으로 돌아왔다.
 그러나 왓슨은 마법의 버섯을 잊을 수가 없었다. 1955년 여름, 이번에는 친구 아란 리처드슨과 함께 와우트라로 향했다.
 왓슨은 위스키를 이용해서 카에타노와 과다르베라는 두 인디언을 꾀어 내는 데 성공했다. 그들은 그날 밤 '마법의 버섯' 의식이 있다면서 구경시켜 주겠다고 약속했다.
 "그 의식에 백인이 참석해도 되는가?"
 "웬만해서는 안된다. 하지만 다음 만월 때부터 내가 부락을 대표하게 된다. 내 말을 누구도 반대하지 못한다."

왓슨은 그 인디언에게 약속대로 위스키를 선물했다.
 그날 밤의 의식은 마리아 사비나는 노인의 오두막에서 있었다. 약 25명의 인디언이 모여 있었다. 그들은 두 백인의 얼굴을 보자 일제히 적의를 보였다. 하지만 '내 친구를 데려왔다'는 카에타노의 설명을 듣고는 모두 잠잠해지는 것이었다.
 카에타노가 왓슨과 리처드슨에게 버섯을 먹어 보라고 했다. 그것은 기대했던 이상의 행운이었다. 두 백인은 주는 대로 마구 받아먹었다. 인디언의 주문 외는 소리가 희미하게 들릴 무렵, 두 백인은 어느덧 낯선 곳에 가 있었다.
 왓슨의 경우, 그는 오색이 찬란한 궁중 앞에 서 있었다. 그 아름다운 넓은 정원에는 신화에 나오는 그런 동물이 여기저기 있었다.
 리처드슨의 경우, 그의 꿈은 단편적인 것이었는데, 꿈에 거만한 표정의 스페인 기사가 보였다.
 두 백인은 카에타노가 준 약간의 버섯을 가지고 멕시코 시티로 돌아와서 미국으로 가는 비행기를 기다렸다.
 그때 두 사람은 신세를 지고 있던 농장 주인으로부터 만찬에 초대받았다. 그들은 기꺼이 초대에 응했다. 그런데 호화스런 홀에 안내된 순간, 리처드슨은 그만 그 자리에 우뚝 서고 말았다. 맞은편 벽에 바로 그 와우트라 부락의 의식 때 꿈에서 본 것만한 기사를 그린 커다란 그림이 걸려 있었기 때문이었다.
 뉴욕으로 돌아온 왓슨은 '마법의 버섯'의 일부를 스위스에 있는 친구에게 보냈다. 그 친구는 연구소를 가지고 있는 과학자였다.
 이 과학자는 문제의 버섯을 분석하고 화학적 합성을 연구하기 4년만에 드디어 백색의 결정체를 합성하는 데 성공했다.

그는 이 결정체에 '프시로시핀'이라는 이름을 붙였는데 이 약은 분열증 환자의 치료에 효력이 큰 것으로 판명되었다.

26. 신비스런 풀 바니스테리아

바니스테리아는 브라질 서북부의 변경으로부터 콜롬비아 동북부의 정글 지대에 이르는 지역에서 발견되는 덩굴풀이다.
 이 풀은 '꿈꾸는 풀'이라고도 불리우는데, 줄기에서 나는 즙을 먹으면 감미롭게 잠이 들어 미래를 예견(豫見)하게 된다는 것이다.
 옛날부터 잉카인(人)들은 이 바니스테리아의 즙을 마시고 꿈으로 본 미래상(未來像)에 의해서 운명을 예언해 왔던 것이며, 이 비밀은 1514년 프랑시스코 드 오레야나의 탐험대를 수행한 카스팔 드 칼바야르 신부에 의해서도 보고된 바 있다.
 "토인들은 미래를 예언하는 힘이 생기게 하는 이상한 식물을 재배하고 있다."
 또 1700년대에 파스테빈 신부도 주교에게 보내는 보고서에 다음과 같은 내용을 썼다.
 "인디언들은 아야와스카 또는 카야비라는 덩굴풀로 야가라고 하는 즙을 만드는데, 이것을 마시면 미래의 일을 예견하는 신비한 힘이 생깁니다.
 그들은 병자가 생기면 곧 이 즙을 마시는 모임을 열어 병자의 회복 여부를 예견합니다. 부락의 누군가가 여행을 떠날 때는 이 즙으로 그 안부를 알아 봅니다. 그들에게 닥칠 위험을 이것으로 예견하고 경계를 하게 되는 것은 말할 것도 없습니다."

이와 같이 미래를 보게 하는 풀의 존재는 이미 16세기부터 보고되고 있었으나, 이 풀이 과학자의 연구 대상으로 등장한 것은 20세기의 일이었다.

1922년 독일 예나대학의 테오도르 셍크는《브라질 원산의 특수한 덩굴풀에 관한 생물학적 해부학적 연구》라는 저서를 발행했는데, 바니스테리아가 학자의 손으로 소개되기는 이 책이 처음이었다.

셍크는 직접 아마존 밀림 깊숙히 들어가서 바니스테리아의 열매와 줄기를 구해다가 예나대학의 식물원에서 재배하였다. 그리하여 그는 드디어 이 풀에서 백색의 결정체를 추출(抽出)하는 데 성공했던 것이다.

그로부터 2년 후에는 콜롬비아 보고타대학의 세루다 바울 박사가《바니스테리아의 예견력(豫見力)》이라는 연구를 발표했다.

하지만, 직접 이 신비스런 풀의 즙을 먹어 보려는 사람은 좀처럼 나서지 않았다. 1953년에 이르러서야 최초의 인체 실험이 가능했던 것이다.

실험자는 독일 태생의 브라질인(人) 하인츠 베르네르 풀트라는 건축기사였다. 그는 우연한 기회에 바울 박사의 연구 보고를 읽고 바니스테리아를 찾기 시작했으나 원산지까지 탐험을 나설 자금이 없었다.

그런데 마침 아마존 밀림 지대에 새로 부설하는 철도 공사가 시작되어 바니스테리아를 채취할 기회가 그에게 닥쳐왔다.
 풀트는 오랜 동안 바라던 이 풀의 즙을 먹고 잠이 들었다. 그런데 그의 꿈에 나타난 미래는 사랑하는 아내가 암으로 죽는 모습이었다.
 몇년 후, 이 꿈의 내용은 그대로 실현되었다. 아내가 암에 걸려 고생하다가 죽는 것이었다. 풀트는 그후 다시는 바니스테리아를 찾지 않았다. 아마도 미래를 예견하기가 두려워진 탓이었을 것이다.

27. 방사선 영계통신기

1960년의 일이었다. 세계적인 심령 연구가이자 예언자인 스튜워트 로브씨는 방미중(訪美中)인 영국인 마이켈 앗슈씨로부터 놀라운 이야기를 들었다.

앗슈씨는 1948년 '베를린 공수(空輸)'가 한창이던 무렵, 영국의 사리〔런던 남부에 있는 주〕에 있는 어느 연구소에서 내세(來世)와 통신하는 신식 기계의 실습(實習)을 보았다는 것이었다.

로브씨는 즉석에서 앗슈씨에게 그 이야기를 기사로 써 달라고 청탁했다. 그러나 로브씨가 편집을 담당하는 잡지에는 발표되지 않았고, 약 1년 후에 윌리엄 퓨즈가 낸 조그만 책자에 수록되었다.

그러나 그 기사의 내용만으로는 그와 같은 기계를 만들기가 어려웠는지, 그후 내세와 통신하는 기계가 제작되었다는 소식은 아직 세계 어디에도 없다.

로브씨가 소개한 바에 의하면, 마이켈 앗슈씨의 원고는 다음과 같은 것이었다고 한다.

"사리연구소에서 내가 본 그 기계는 나의 가치관을 바꾸고 내 눈을 심령계로 눈뜨게 했다. 이 기계는 납 스크린에 의한 방사선 수신 장치였다. 이 수신기에 수신된 방사선은 가이거

카운터에 의해 음극선(陰極線) 요실로스코오프에 나선형 궤적을 그려 나간다.

이 나선형 궤적은 방사선 원소의 괴변(怪變)으로 생기는 한쌍씩의 하전(荷電)기록으로 이루어지는 것이다. 사진으로 찍힌 그 패턴은 마치 모르스 신호와도 같은 기호의 연결로 되어 있다.

통신은 미세한 주사(走査)의 관찰에 의해 해독되는데, 어떤 글자의 첫 기호는 끝 부분의 기호에 비해서 약간 다른 연속성을 보였다.

이 수신 장치로 기록된 기호는 국제 모르스 신호를 아는 사람이면 누구나 해독할 수 있고, 또 기록을 보존할 수도 있다.

이 범위에서는 초자연적인 것은 별로 없다. 내가 본 실습에서 통신을 보내온 자는 철자(綴字)조차 변변치 못했다. 그래서 수신된 말은 몇 번이나 정정되고 또 정정되었다. 하지만 그밖의 점에 있어서는 꽤 높은 교양수준을 나타냈다. 이 지상에 살아 있는 인간으로서 의식이 있는 상태로 그와 같은 통신을 보낼 수 있는 자가 있으리라고는 믿어지지 않는다.

통신의 내용은 고도로 기술적이며, 사용하는 장치의 개량에 관해서는 물론, 그 조작(操作)의 타이밍 따위의 세밀한 점에 있어서도 특별한 주의를 하도록 사용자에 대한 지시가 주어지는 것이었다.

사용자는 마치 국민학교 어린이처럼 열심히 그 지시를 받고 있었는데, 그는 제2차 대전 중에는 레이더 부문에서 개척자의 한 사람이었으며, 그 공로로 훈장까지 받은 인물이었다.

마이켈 앗슈는 이 통신의 맨 끝에 M·F라는 사인이 있었다고 했는데, 이것은 혹시 1867년에 세상을 떠난 19세기 최대의 실험물리학자 마이켈 파라데이의 서명이 아닐까. 그렇다면 이 통신은 전자기(電磁機) 현상 연구의 개조(開祖)로 불리는 그 위대한 과학자가 보낸 것이라는 결론이 된다.

 이 통신은 1분간에 약 8천 단어의 비율로 수신되었다고 한다.

28. 비행접시는 신의 메신저

　1973년 10월 3일, 미국 미시시피주(州) 트베르에서는 근무중인 부(副)보안관과 국립공원 사업국의 감시원 4명이 하늘을 지나가는 한 대의 접시형 물체를 같은 시각에 목격했다. 그것은 보통의 집만한 크기로서 빨강·파랑·노랑 빛깔의 회전하는 조명이 붙어 있었다고 한다.
　그로부터 2주 후에 이번에는 크리블랜드 남쪽 80킬로지점에서 육군의 헬리콥터가 여송연(呂宋煙) 모양의 금속 물체와 공중 충돌할 뻔한 사건이 일어났다. 조종사 로렌스 코인 대위는 깜짝 놀라 헬리콥터를 급강하시켰는데, 다음 순간 웬일인지 그 비행 물체 쪽으로 6백 미터나 끌려갔었다는 것이다.
　한동안 잠잠했던 비행접시 목격담이 미국 각지에서 다시 잇따르기 시작했고, 1973년 가을에 보고된 것만도 수백 건이었다.
　미국에서 처음으로 비행접시가 목격된 것은 1947년 6월 24일의 일이었다. 케네스 아놀드라는 실업가가 자가용 비행기로 워싱턴주의 레이니어 산 위를 지날 때 무서운 속도로 비행하는 9개의 접시형 물체를 목격했던 것이다. 아놀드의 눈에는 마치 납짝한 돌이 수면을 스치며 날아가는 듯이 보였다고 한다.
 아놀드의 목격담이 보도되자 뒤를 잇듯이 UFO, 즉 비행접시의 정보가 미국 각지에서 수없이 보고되었다. 자동차만 한 크기의 UFO가 착륙한 자리에 이상한 토양(土壤) 변화가 일어났다느니, 주변의 나무가 타 버렸다느니, 3개의 점과 원형으로 그을은 자국이 남았다느니, 부근에 있던 사람이 마비 상태에 빠졌었다느니, 가까이서 보았다는 보고도 헤아릴 수 없을 정도였다.
 콜로라도 대학의 심리학 교수 데이빗 손다즈가 수집하여 컴퓨터에 기억시킨 UFO 정보는 6만이 넘는다고 하는데 그것이 모두 믿을만한 사람들의 증언에 의한 정보라고 한다. 미국 국방부의 정보 부문에 종사했던 존 삼포드 소장도 당장으로는 무어라 정체를 알아볼 수 없는 비행 물체에 관한 믿을 만한 목격자들의 보고라는 표현으로 UFO 정보가 많이 입수되었음을 밝힌바 있다.
 목격자들의 증언에서 공통된 점은, 처음에는 라이트가 점멸하는 구급차나 저공비행을 하는 비행기로 여겨졌으나, 날개도 없는 물체가 빛깔을 바꾸면서 공중에 정지하는 것을 보고 몹시 놀랐다는 것이다. 코인 대위의 경우도 마찬가지인데 그는 이렇게 설명을 보충하고 있다.
 "제트기로서는 양 옆의 등불 빛깔이 좌우 정반대였고, 한참이나 헬리콥터 옆을 따라 왔었다."
 한편 노오드웨스턴대학의 천문학 부장이며 린드하이머 천문학 연구소장인 J·알렌 하이네크 교수는 UFO에 납치되었었다는 두 조선공(造船工)을 직접 만나 여러 가지로 조사한 결과가 그들의 증언이 신빙성이 충분하다는 소견을 밝혔던 것이다.

두 조선공의 체험담은 다음과 같았다. 1973년 10월 11일 목요일 저녁, 차알스 힉슨(45세)과 칼빈 파커(19세)는 파스카그라 강변에서 강낚시를 하고 있었다. 그런데, 문득 이상한 비행 물체가 새파란 빛을 번득이면서 내려오더니 10미터쯤 떨어진 곳에 거의 지면에 닿을 정도로 부유(浮遊)하는 것이었다.

이윽고 그 속에서 회색의 생물 셋이 나타났다. 순간 파커는 기절했고, 힉슨은 온 몸이 굳어진 채 공중에 붕 뜬 상태로 UFO로 옮겨졌다. 그러자 엄청나게 큰 전자(電子) 눈이 머리에서 발 끝까지 쭉 훑어 보는 것이었다……

두 조선공이 정신을 차렸을 때는 강변에 쓰러져 있었다. 그들은 몇 시간 후 경찰서에서 조사를 받았는데, 이때까지도 힉슨은 공포에 질린 눈에서 눈물을 흘리고 있었고, 파커는 틈만 나면 기도를 하는 것이었다. 이윽고 방에 단 둘이 남은 그들은 다음과 같이 당시를 회고하고 있었다.(몰래 녹음되고 있다는 사실을 그들은 전혀 몰랐다.)

파커 : 어서 돌아가서 잠을 자야겠다. 아니 그보다도 의사한테 진찰부터 받아야지.

힉슨 : 그게 뭣이었을까. 믿을 수 없어. 그런 괴물이 있다니.

파커 : (흥분해서) 팔이 얼어 붙은 것처럼 꼼짝할 수가 없었어. 뱀을 밟은 것같이 소름이 끼치고…

힉슨 : 암, 암……(방을 나갔다.)

파커 : (작은 음성으로) 하느님, 저를 보호하소서. 아, 하느님, 하느님!

10월 30일 힉슨은 거짓말 탐지기에 의해서 그의 증언을 조사받았다. 조사관 스코트 글라스코는 힉슨이 우주선을 보았고 그 속에 납치되었으며 회색 생물을 보았다고 믿고 있는 사실에는 의심할 점이 없다고 결과를 발표했다.

최근의 갤럽 조사에 의하면 UFO를 보았다는 미국인은 1천 5백만 명이나 되며, 일본·브라질 등에서도 목격자의 수는 엄청난 수에 이르고 있다.

1969년 미국에서는 '이 이상 UFO의 연구 조사를 계속해도 과학 진보에는 도움될 것이 없다'는 에드워드 콘든〔콜로라도대학 물리학 교수, UFO 연구 조사단 주임〕의 보고를 채택하여 UFO에 대한 공군의 조사 기구를 철폐했다. 하지만 프랑스에서는 여전히 비행접시의 현상을 그대로 인정하고 정보대로 하여금 목격자들의 보고를 수집시키고 있다.

한편 소련에서는 1967년의 '우주문명 검토회의'에서 모스크바 항공연구소의 페릭스 지겔이 발표한 다음과 같은 견해를 따르고 있는 것으로 보인다.

"소련 전지역으로부터 상세한 UFO 정보를 얻고 있는데, 그 모두가 환각이라고는 볼 수 없다. 사진이나 레이더에 사람의 환각이 나타날 수는 없는 일이기 때문이다."

미국에서도 하이넥 교수는 일리노이주의 노오드필드에 UFO 연구센터를 설립하고, 비행접시의 연구 조사에 더욱 열중하고 있다.

그러면 고도로 발달된 오늘날의 과학 지식을 총동원하여 20여 년에 걸친 대규모의 연구 조사에 의해서도 그 정체 파악에 별다른 성과를 얻지 못한 비행접시의 정체는 과연 무엇일까?

여기서 우리는 '비행접시에는 위기에 직면한 인류에게 긴급한 메시지를 전하려는 신(神)의 메신저들이 타고 있다는 초심리학자들의 견해에 눈을 돌릴 필요가 있는 것이 아닐까.

독일의 고고학자 에리히 폰 데니켄도 그러한 견해를 따르는 한 사람이다. 그는 '하느님의 수레'인 비행접시의 전설을 찾아 세계 각지의 고대 유적을 답사했다.

 오늘날 우리의 상공에 출현하는 비행접시가 분명히 인류의 손에 의한 것이 아니라면 그것이 지구에 나타난 일은 과거에도 있었을 것이며, 고대의 유적에도 그런 사실의 기록이 남아 있을지도 모른다는 생각에서였다.

 그는 10여년 동안 세계 각지의 옛 유적을 답사하면서 인류와 비행접시가 교류한 자취를 수집하여 《하느님의 수레》라는 저서를 발표한 바 있다.

 그러고 보면 세계의 여러 민족 사이에 전해지고 있는 신화·전설 등에는 비행접시를 가리키는 것으로 보이는 이야기가 적지 않다.

 성서에 기록된 다음과 같은 구절도 그와 같은 예라 할 것이다.

 〈두 사람이 거닐며 말하더니 홀연히 불수레와 불말들이 두 사람을 격(隔)하고 엘리야가 회오리 바람을 타고 승천(昇天)하더라.〉(《열왕기》 하 제2장 11절)

 〈기도하여 가로되, 여호와여 원컨대 저의 눈을 열어서 보게 하옵소서 하니, 여호와께서 그 사환의 눈을 여시매 제가 보니 불말과 불병차(火兵車)가 산에 가득하여 엘리사를 둘렀더라.〉(《열왕기》 하 제6장 17절)

 〈내가 보니 북방에서부터 폭풍과 큰 구름이 오는데 그 속에서 불이 번쩍번쩍 하여 빛이 그 사면에 비취며, 그 불 가운데 단쇠 같은 것이 나타나 보이고.〉(《에스겔》 제1장 4절)

 그리고 힌두교의 서사시 《라유야나》와 《마하바라다》에도 '하늘 수레에 태우다' 또는 '황금빛 하늘 수레'라는 말이 기록되어 있고, 에스키모의 전설에 '황금빛 날개에 실려 북쪽 하늘로 갔다'는 이야기가 남아 있다.

일본 북해도에 남아 있는 아이누의 서사시 《유카라》에도 또한 비행접시를 말한 것으로 여겨지는 구절이 있다.

어쩌면 초심리학자들이 지적하듯이, 남아메리카 안데스 산록에 남아 있는 그 거대한 기하학 도형은 외계(外界)로부터 오는 비행접시를 위해 옛날부터 만들어져 있었던 것인지도 모른다.

이 도형은 마치 공항(空港)의 활주로와 같은 방사형의 선으로 되어 있으며, 높은 하늘에서 내려다보지 않는 한 그것은 아무런 의미도 없는 하나의 낙서나 다름없기 때문이다.

옛날 우주에서 온 비행 물체는 이 도형을 목표로 접근해서 잉카인(人)들과 교신한 것이 아니라고 누가 단언할 수 있을 것인가.

충격! 베스트 셀러 1위

머물고 싶었던 날들

서 미리엄 / 장편현장소설

전국을 누비며 여자화투기 술사로서 명성을 떨친 서 미리엄-
누가 이 여자에게 돌을 던질 것인가? 도박의 시초는 묻지 말자.
누구의 유혹에 빠졌든 육욕에 눈이 멀었쥐든 그 이유는 캐묻지 말자.
어느 미모의 여자도박사 25시!

신국판 / 정가 8,500원
전국 유명서점 판매중

육체의 노예가 될 수 밖에 없었던 한 여자의
원색적인 사랑, 그녀는 그렇게 살아가고 있었다.

편저자 약력

서울에서 출생하여 서울대 문리대 국문과를 졸업. 1951년 경향신문 신춘문예에「聖火」가 당선되어 문단에 데뷔. 그후 일본에 진출하여「심령치료」「심령진단」「심령문답」등을 저술하여 일본의 심령과학 전문 출판사인 대륙서방에서 간행하여 큰 호응을 얻었으며, 다년간 심령학을 연구함. 그후「업」「업장소멸」,「영혼과 전생이야기」「인과응보」「초능력과 영능력개발법」「최후의 해탈자」「사후의 세계」「심령의 세계」등 심령과학시리즈 20여종 저술(서음미디어 간행)

판권
소유

증보판 발행 : 2010년 5월 10일
발행처 : 서음출판사(미디어)
등　록 : No 7-0851호
서울시 동대문구 신설동 94-60
Tel (02) 2253-5292
Fax (02) 2253-5295

저자 | 스튜어트 로브
편저자 | 안 동 민
발행인 | 이 관 희
본문편집 | 은종기획
표지 일러스트
Juya printing & Design
홈페이지 www.seoeumbook.com
E. mail　seoeum@hanmail.net

*이 책은 저작권법에 의해 보호를 받는 저작물이므로
무단 전제나 복제를 금합니다.
ⓒ seoeum